8,90

Topos plus **Taschenbücher**
Band 433

Topos plus positionen

Herausgegeben von Wolfgang Beinert

Hans Waldenfels

Christus und die Religionen

Topos plus Taschenbücher

Topos plus **Verlagsgemeinschaft**

Butzon & Bercker, Kevelaer | Don Bosco, München
Echter, Würzburg | Verlag Katholisches Bibelwerk, Stuttgart
Lahn-Verlag, Limburg Kevelaer | Matthias-Grünewald-Verlag, Mainz
Paulusverlag, Freiburg Schweiz | Friedrich Pustet, Regensburg
Styria, Graz Wien Köln | Tyrolia, Innsbruck Wien

Die Deutsche Bibliothek – CIP-Einheitsaufnahme
Ein Titeldatensatz für diese Publikation
ist bei Der Deutschen Bibliothek erhältlich.

Einband- und Reihengestaltung:
Akut Werbung GmbH, Dortmund
Herstellung: Pustet, Regensburg
Printed in Germany

Topos plus – Bestellnummer: **3-7867-8433-7**

Inhalt

Vorwort

Was lange ein Orchideenfach für Liebhaber zu sein schien, ist inzwischen zu einer zentralen Herausforderung für die Theologie und die christlichen Gemeinden geworden: der Ruf nach einer Theologie der Religionen. Die Türkinnen, fast gekleidet wie früher die katholischen Ordensfrauen, repräsentieren die Anwesenheit von Millionen von Muslimen im Land. Ein wenig Suche im Internet verrät uns eine Fülle von Veranstaltungen, zu denen hinduistische, buddhistische und neureligiöse Zirkel und Kreise einladen. Angesichts der geballten Fülle von Anfragen, die im zwischenmenschlichen wie im gesellschaftlichen Raum gestellt werden, war die Antwortbereitschaft und Antwortfähigkeit von Christen erschreckend schwach. Zu lange war man an die Tragfähigkeit des Milieus gewöhnt, so dass ein eigenes Bemühen um religiöses Wissen und religiöse Praxis nicht erforderlich erschien. Der Erfolg ist, dass wir im religiösen Bereich emotional einem Gemisch von Beängstigung und Neugier, aber auch Abkehr, Kritik und Gleichgültigkeit begegnen. Das alles wird dann zumeist aufgeklärt vom Ruf nach Toleranz zugedeckt. Inzwischen hat der Schock des 11. September 2001 mit seinen verheerenden Terrorangriffen in New York und Washington die Bevölkerungen der westlichen Länder zumindest im Hinblick auf den Islam und seine Präsenz in der Welt wachgerüttelt, wenngleich jetzt erst recht Nervosität und Erschrecken mehr als Wissen und Einsicht die öffentlichen Reaktionen in der westlichen Welt, zumal auch in Deutschland, bestimmen. Dennoch: Die Situation ändert sich.

Mehreres ist heute gefordert und zu beachten:

(1) Die Menschen von heute bedürfen einer verstärkten Kenntnisnahme der alternativen Denk- und Lebensangebote, wie sie nicht zuletzt durch die Vertreter anderer Religionen in unser Land getragen werden. Kenntnisnahme

bedeutet stets zu wissen, wie die Anderen sich selbst verstehen und damit zugleich Überwindung von Vorurteilen, die seit Jahrhunderten aufgebaut sind und immer noch in der Bevölkerung fortleben und nicht selten weiter verstärkt werden.

(2) Die Menschen müssen wissen, dass niemand – kein Staat, nicht die Wissenschaft, auch keine Religion, das Christentum eingeschlossen – einen Standpunkt über allen Standpunkten, also gleichsam einen Meta-Standpunkt vermitteln kann. Immer beginnen Menschen, sich von ihrem angestammten Standpunkt aus voran zu bewegen. Das heißt freilich nicht, dass Menschen ihren Standpunkt nicht aufgeben und verändern, ja dass sie sich nicht auf einen anderen Standpunkt stellen können.

(3) Christen müssen daher heute wissen, was ihren christlichen Standpunkt ausmacht. Der in der Welt, auch zwischen den Religionen geforderte Dialog setzt auch einen Dialog innerhalb der Kirchen, folglich auch innerhalb der eigenen – hier: der katholischen – Kirche voraus. Das hat zur Folge, dass auch zwischen den verschiedenen Instanzen der Kirche nicht nur festgestellt, sondern *argumentativ* festgestellt werden muss. Leider ist der binnenkirchliche Dialog nach wie vor nicht sonderlich ausgebildet. Das aber stellt ein schwerwiegendes Hindernis für den heute geforderten interreligiösen Dialog dar.

(4) Im Herbst des Jahres 2001 waren 1550 Jahre seit dem Konzil von Chalkedon mit seinen maßgeblichen dogmatischen Aussagen zur Jesusfrage vergangen. Wie wichtig diese Aussagen auch heute sind, zeigt die Tatsache, dass zwar vor 50 Jahren eine Reihe dogmengeschichtlicher Forschungen zur Sache veröffentlicht werden konnten, inzwischen aber angesichts der Einbrüche im christlichen Glaubensverständnis Chalkedon erneut zu einem zentralen Prüfstein unseres Glaubens geworden ist. Die Leugnung der Gottheit Jesu schwächt die christliche Position nachdrücklich. Deshalb ist Chalkedon existentiell bedeutsam.

In dem hier vorgelegten TOPOS-Buch kommen einige der angesprochenen aktuellen Fragen zur Sprache. Anlass ist einmal, dass in unserem Land die eigentliche Stoßrichtung der im Herbst 2000 veröffentlichten Instruktion der römischen Glaubenskongregation *Dominus Iesus* praktisch kaum wahrgenommen worden ist. Die Verankerung des 1. Teils dieses Textes in den Lehraussagen des Konzils von Chalkedon 551 lässt sodann erneut auf diese auch heute verpflichtenden Lehraussagen blicken.

Das alles aber hat zu geschehen in einer Zeit, in der der religiöse Pluralismus auch von Christen seinen Tribut fordert. Dieser wird nicht selten in einer Selbstrelativierung erblickt, in einer Selbstzurücknahme auf den binnenkirchlichen Bereich unter Verzicht auf missionarische Bezeugung des eigenen Weges unter allen anderen in der Welt. Reicht hier aber heute eine friedliche Konvivenz, ein freundliches Zusammenleben auf die Dauer wirklich aus? Ist es nicht an der Zeit, dass wir uns genauer über die Umgangsformen verständigen, uns sodann bemühen, fremde Standpunkte besser kennen zu lernen und schließlich dabei die Beschäftigung mit dem eigenen Glaubensstandpunkt nicht vergessen? Zudem ist die Wahrheit immer noch ein hohes Gut, um das gemeinsam zu ringen es sich lohnt.

In dem kleinen Buch kann nicht wie in dem großen Werk, das Jacques Dupuis SJ vor wenigen Jahren vorgelegt hat, die ganze Fülle des Materials vorgestellt und bearbeitet werden, das inzwischen in einer Theologie der Religionen zu bedenken ist. Es muss ausgewählt und angeregt werden, selbst weiterzuarbeiten. Zwei Gesichtspunkte sind von Anfang an von Bedeutung: Es muss hin- und hergeschaut werden. Auf der einen Seite stehen gläubig-suchende Christen, auf der anderen Seite unendlich viele Menschen außerhalb des Christentums, die ebenfalls suchen und nicht selten von eigenen Überzeugungen geprägt sind. Sie miteinander ins Gespräch zu bringen, ist nicht zuletzt deshalb wichtig, weil es so viele Aufgaben gibt, an deren Lösung im vor- und außerreligiösen gesellschaftlichen Raum die Religionen aufgerufen sind mitzuarbeiten. Denn der Dialog, der ansteht, beschränkt sich keineswegs darauf, dass die Religionen sich wechselseitig mit sich selbst beschäftigen.

Sollte es gelingen, mit diesem kleinen Buch einige Anregungen zu geben, die den heutigen Dialog zwischen den Gläubigen verschiedener Religionen fördern, hat es seinen Dienst getan.[1]

Hans Waldenfels

1. Statt Christentum: Jesus der Christus

„Dominus Iesus"

„*Dominus Iesus*" ist ein Bekenntnis zu Jesus Christus: „Jesus ist der Herr." Am 5. September 2000 veröffentlichte die römische Glaubenskongregation eine von Kardinal Joseph Ratzinger unterzeichnete Erklärung vom 6. August 2000 mit *Dominus Iesus* als Eingangsworten. Diese weisen auf das zentrale Thema der Erklärung hin: Es geht um Jesus Christus, seine Einzigkeit und seine universale Heilsbedeutung für die Menschheitsgeschichte. Leider ist dieses zentrale Thema in unseren Breiten aufs Ganze nur wenig zum Tragen gekommen, weil die Aufmerksamkeit der Öffentlichkeit sich sofort auf den nachfolgenden zweiten Teil richtete.[2] Dieser wiederum handelt in den kritisch aufgenommenen Passagen von der Kirche in ihren grundlegenden hierarchischen Strukturen, weniger von dem, was die Christen der verschiedenen Konfessionen verbindet, nämlich die Zugehörigkeit zur Nachfolgegemeinschaft Jesu.

Die wahre Stoßrichtung von *Dominus Iesus* aber wurde dann am 26. Februar 2001 durch eine *Notificatio* derselben Glaubenskongregation unterstrichen, die anlässlich des von Jacques Dupuis SJ verfassten Buches *Toward a Christian Theology of Religious Pluralism* (Maryknoll/N.Y. 1997) erschien. Mit dem Titel dieses Buches wird ein anderes deutlich: Die Besinnung auf die Einzigkeit Jesu wird angemahnt in einer Zeit, die von einem vielfältigen, auch religiösen Pluralismus geprägt ist. Angesichts der starken Betonung, die die Bedeutsamkeit des Heilswerkes Jesu für die ganze Menschheitsgeschichte im Christentum findet, stellt sich die Frage: Wie fügt sich das Christentum in das Konzert der

Religionen ein? Ist das Christentum eine – am Ende doch nur beliebige – Religion unter anderen Religionen? Oder besteht es zu Recht auf der besonderen Heilsbedeutung Jesu Christi?

Nicht Christentum: Jesus der Christus

Die erste Antwort auf die Frage lautet: Das Christentum tut gut daran, nicht von einer mit anderen kulturbestimmenden Weltanschauungen und Lebenswegen, Organisationen (Kirchen) oder Systemen (Hierarchie, kirchliches Lehrsystem u. a.) vergleichbaren *Sach*größe auszugehen, sondern von einer *Person*größe, nämlich der Tatsache, dass im Glaubensverständnis der Christen Jesus von Nazaret eine auf die ganze Menschheit hin orientierte Bewegung ausgelöst hat, in der er über seinen Tod hinweg fortlebt. Christsein bedeutet im eigentlichen Sinne des Wortes zunächst nicht, zu einer „Christentum“ genannten Weltanschauung und Lebenspraxis oder einer „Kirche“ genannten Organisation zu gehören, sondern existentiell in der Nachfolge einer Person, nämlich des Jesus von Nazaret, den Lebensweg zu finden und zu gehen. Dieser Grundgedanke kann sowohl im geschichtlichen Phänomen „Christentum“ wie in der „Kirche“ genannten Mitgliedergemeinschaft an Ausdrucksschärfe verlieren und daher recht unterschiedliche Deutlichkeitsgrade zulassen. So ist das Christentum inzwischen vielfach nur noch die sich in der Geschichte verästelnde Gestalt der von Jesus von Nazaret ausgelösten Nachfolge, die sich nicht zuletzt als ein wichtiges Kulturphänomen in der Geschichte erweist.[3]

Das verhindert nicht, dass Jesus von Nazaret die Zentralgestalt des Christentums bleibt. Der Philosoph Karl Jaspers hat hierzu bis heute wegweisende Worte gesprochen. Einmal gehört Jesus für ihn zu den maßgeblichen Menschen. Sodann aber sichert er sich ein Mitspracherecht auch gegen die Theologie und die Lehrautorität der Kirche, die es ihm nicht verbieten können, sich als Christ zu verstehen:

> „Ein Theologe mag verachtend sagen: wer die Bibel liest, ist noch kein Christ. Ich antworte: niemand und keine Instanz weiß, wer ein Christ ist; wir sind alle Christen (biblisch glaubende Menschen), und jedem ist es zuzubilligen, der Christ zu sein behauptet. Wir brauchen uns nicht hinauswerfen zu lassen aus dem Hause, das seit einem Jahrtausend das unserer Väter ist. Es kommt darauf an, wie einer die Bibel liest und was dadurch aus ihm wird ... In der Welt soll als Christ gelten, wer sich dafür hält."[4]

In der Tat bleibt Jesus von Nazaret, Jesus der Christus, für alles, was in der Folgezeit bis in unsere Gegenwart hinein christlicherseits geworden ist, die alles entscheidende Orientierungsgestalt, an der die Legitimität des Gewordenen zu prüfen ist. Das ist festzuhalten, auch wenn der Prüfungsvorgang seinerseits dann zu diskutieren ist.

Der Ausgangspunkt aber ist aus mehreren Gründen bedeutsam. Mein 1994 erschienenes Buch *Phänomen Christentum* trug den Untertitel *Eine Weltreligion in der Welt der Religionen*. Das entspricht der heutigen gesellschaftlichen Wirklichkeit und der Außenansicht des Christentums. Es ist eine Religion mit vielfältigen Zügen, die in der vergleichenden Religionswissenschaft mit analogen Phänomenen in anderen Religionen verglichen werden können. Freilich besteht dann leicht die Gefahr, dass zumindest für den existentiellen Vollzug am Ende herauskommt, was der Volksmund mit Sätzen wie: „Wir glauben doch alle an den einen Gott", oder: „Alle Religionen sind gleich" zum Ausdruck bringt. Das wiederum führt dahin, dass auch im religiösen Bereich das wirksam wird, was mehr und mehr das gesamte gesellschaftliche Leben bestimmt: die Beliebigkeit. Infolgedessen „kaufen" immer mehr Menschen auf dem „Supermarkt der Religionen" das, was ihnen selbst nützlich erscheint. Nicht die Wahrheit der Religionen ist entscheidend, sondern ihre Nützlichkeit.

Diese Haltung findet vielfach dadurch Unterstützung, dass Menschen in einer Zeit voller Konflikte nach gemeinsamen Grundlagen und Grundüberzeugungen suchen. Diese Suche endet aber in der Regel auf dem niedrigsten Niveau von Gemeinsamkeiten und hat dabei den Vorteil, dass sich so – wie man meint – Toleranz in der vagen Form von wechselseitigem Gewährenlassen und von Verzicht auf die Klärung von Wahrheitsfragen verwirklichen lässt. Andererseits reicht auch heute vielen Menschen das niedrigste Niveau von Gemeinsamkeiten um des lieben Friedens willen nicht aus, weil zu vieles dabei verdrängt wird. Diese Menschen fragen folglich weiter nach der Wahrheit, viele auch unerbittlich, weil sie auch heute in der vollen Wahrheit verwurzelt sein wollen. Die Suche nach Wahrheit aber ist, wo verschiedene Menschen und Menschengruppen sich auf den Weg machen, nicht frei von unterschiedlichen Standpunkten und Perspektiven, also von Differenzen und Anlässen zum Streit. Denn wo eine sich von anderen unterscheidende Überzeugung Profil gewinnt, das Erreichte aber zur Aufforderung wird, sich nicht zu schnell zufrieden zu geben, geht es nicht ohne Kritik an anderen ab. Am Ende bringt es die Fülle von Unterscheidungen und Differenzen mit sich, dass das ganze Arsenal der Pluralität sein Gesicht zeigt.

In diesem Kontext ist unsere Option zu sehen, sich nicht von Sachgrößen, sondern von der Persongröße – im Fall des Christseins von Jesus dem Christus – bestimmen zu lassen, weil – anders als Sachgrößen – Personen den Anspruch auf Einmaligkeit und Einzigkeit erheben können. Gleichwohl dürfen wir nicht übersehen, dass die Option für Jesus Christus zunächst zu weiteren Parallelisierungen und damit zu neuen Einebnungen führt.

Religiöser Ursprung: Stiftergestalten

Wenn das Christentum unter die Religionen eingereiht wird, liegt es nahe, dass der historische Jesus von Nazaret unter die Religionsstifter eingefügt wird.[5]

Es gibt im Reigen der Religionen zwar auch solche, die – wie Stammes- oder Naturreligionen oder auch viele schriftlose und schon deshalb lange als „primitive Religionen" abqualifizierte Religionen – keinen Stifter erkennen lassen. Das gilt in Indien für die Anfänge der Hindu-Religionen, in Japan für den Shintō und in Korea für die Urreligion, vor allem aber für die Mehrzahl der klassischen Religionen Afrikas, der Südsee und anderer religiöser Ursprungsländer. Diese Religionen stehen in unseren Überlegungen schon deshalb eher im Hintergrund, weil sich mit ihnen ursprünglich nicht unbedingt der Gedanke verbindet, sie zeigten über die nationalen und die Stammesgrenzen hinaus einen Weg für alle Menschen auf. Das bleibt auch dann gültig, wenn heute im Zeitalter wachsender gesellschaftlicher und kultureller Verflechtungen auch solche Religionen ihre ursprünglichen Selbstbeschränkungen zu überwinden suchen. Das ließe sich gut an einer Reihe von Hindu-Bewegungen illustrieren, die heute jenseits der Einbindung in das indische Sozialsystem Mitgliedschaften ermöglichen und folglich Mitglieder auch außerhalb Indiens zu werben beginnen (vgl. *R. Hummel* [1980]). Dass diese Religionen nicht tot sind, hat eindrucksvoll die Ausstellung *„altäre – Kunst zum Niederknien"* gezeigt, die anlässlich der Eröffnung des „museum kunst palast" in Düsseldorf vom 2.9.2001 bis 6.1.2002 stattfand. Diese Ausstellung war bewusst so gestaltet, dass nicht nur 67 Altäre, zumeist aus volksreligiösem Umfeld ausgewählt, anzuschauen waren, sondern dass vielfach auch religiöse Riten von Schamanen und Priestern der verschiedenen Religionsgemeinschaften vorgenommen wurden, in die sich der Beschauer einbeziehen konnte.[6]

In unserer Überlegung stehen solche Religionen im Vordergrund, die sich ihrer Bedeutung für die Menschheit schlechthin bewusst sind. Das gilt vorrangig für Religionen, die einen bestimmten historischen Ausgangspunkt haben und diesen in einer Gründergestalt finden. Wir nennen im Umfeld des Christentums Mose und Muhammad, für den asiatischen Raum den Buddha Shākyamuni, Konfuzius, den Meister K'ung, und dessen Zeitgenossen, den „alten Lehrer" Lao-tzu.[7] Sie alle haben je auf ihre Weise Jüngerschaften gebildet, aus denen dann im Laufe der Geschichte eine bleibende religiöse Praxis, eine religiöse Lehre und auch eine mehr oder weniger starke religiöse Organisation entstanden sind. Wichtig ist hier festzustellen, welcher Rang der Gründergestalt bleibend zuerkannt wird.

Achtet man auf die verbreiteten Typisierungen, so sind die Stifter häufig Künder göttlichen Wortes – Propheten – oder dann Lehrer, bei denen sich göttliche Inspirationen mit der weisen Menschen zuwachsenden Lebensweisheit verbinden. Andere Stifter sind Heiler im physischen wie im psychischen, vielmals im psychosomatischen Bereich. Dabei erweisen sie sich nicht selten als Mittler und Medien, in denen Gott bzw. das Göttliche seinen Ort unter den Menschen findet. Interessanterweise tauchen diese Momente heute überall da auf, wo Menschen in neureligiösen Bewegungen Heilszugänge außerhalb des modernen von Wissenschaften und Techniken bestimmten Lebens suchen, weil die modernen Lebensweisen ihnen ihrerseits auf neue Weise Ängste bereiten.

Aus dem jüdischen Erbe:
Šema' (hebr. = Höre!; lies: Schema')
Höre, Israel!
Jahwe, unser Gott, Jahwe ist einzig.
Darum sollst du den Herrn, deinen Gott, lieben mit ganzem Herzen, mit ganzer Seele und mit ganzer Kraft.

Diese Worte, auf die ich dich heute verpflichte, sollen auf deinem Herzen geschrieben stehen. Du sollst sie deinen Söhnen wiederholen. Du sollst von ihnen reden, wenn du zu Hause sitzt und wenn du auf der Straße gehst, wenn du dich schlafen legst und wenn du aufstehst. Du sollst sie als Zeichen um das Handgelenk binden. Sie sollen zum Schmuck auf deiner Stirn werden. Du sollst sie auf die Türpfosten deines Hauses und in deine Stadttore schreiben. (Dtn 6,4–9)

Aus den Anfängen des Islam:
Koran: Sure 96,1–5: *Der Embryo*
Im Namen des barmherzigen und gnädigen Gottes.
Trag vor im Namen deines Herrn, der erschaffen hat, den Menschen aus einem Embryo erschaffen hat!
Trag vor! Dein Herr ist edelmütig wie niemand auf der Welt, der den Gebrauch des Schreibrohrs gelehrt hat, den Menschen gelehrt hat, was er nicht wusste.

Sure 1,1–7: *Die Eröffnung*
Im Namen des barmherzigen und gnädigen Gottes.
Lob sei Gott, dem Herrn der Menschen in aller Welt,
dem Barmherzigen und Gnädigen, der am Tag des Gerichts regiert!
Dir dienen wir, und dich bitten wir um Hilfe.
Führe uns den geraden Weg, den Weg derer, denen du Gnade erwiesen hast,
nicht derer, die dem Zorn verfallen sind und irregehen!
(Übersetzung *R. Paret*[8])

Hier ist nun auch auf die Einordnung Jesu zu achten. Zu Beginn seines öffentlichen Lebens reiht Jesus selbst sich unter die Menschen ein, die von Johannes dem Täufer getauft werden wollen (vgl. Mt 3,13ff.par.). Er ist Mensch unter Menschen, ja er, der Sündlose (vgl. Joh 8,46; 2 Kor 5,21; Hebr 4,15; 7,26f., u.ö.), reiht sich unter die Sünder ein. Was er aktiv vollzieht, tun ihm am Ende Menschen an: Er wird ans Kreuz gehängt und stirbt seinen Tod wie ein Verbrecher. Diese (Selbst-)Einreihung Jesu unter die Menschen legitimiert die verschiedenen Versuche, seine Stellung im Menschengeschlecht im Vergleich mit anderen Menschen zu bestimmen. Das bleibt auch bestehen, wenn es dabei immer wieder den Versuch gegeben hat, die Einzigkeit Jesu mit Blick auf sein Gottsein zu relativieren. Den Willen, Jesus als wahren Menschen unter den Menschen zu sehen, gilt es zu betonen. Erst von dort her ist dann mit einer Korrektur unseres Gottesbildes zu rechnen.

Immer wieder hat es interreligiös wie außerreligiös Versuche gegeben, Jesus eingeordnet vorzustellen. Karl Jaspers wurde schon genannt. Für ihn gehörte Jesus zusammen mit Sokrates, Buddha und Konfuzius zu den maßgebenden Menschen der Geschichte.[9] Die verbreiteten Typisierungen von religiösen Stiftergestalten finden auch auf Jesus Anwendung. So passen auf ihn offensichtlich die Bezeichnungen: Prophet, Lehrer, Heiler, aus dem Blickwinkel des Buddhismus auch Erleuchteter. Hindus sehen in ihm im Blick auf den indischen Gott Vishnu einen Avatāra, eine heilspendende Mittlergestalt. Der im Christus-Titel liegende messianische Anspruch hat im heutigen jüdisch-christlichen Diskurs eher eine periphere Bedeutung. Juden erkennen in Jesus von Nazaret nicht den erwarteten Messias, und dem durchschnittlichen Christen ist das Bewusstsein, Christus sei das griechische Wort für Messias = Gesalbter, weithin abhanden gekommen. Im Vordergrund der Einordnung bleiben der Prophet bzw. Lehrer und der Heiler.

In den prophetischen Religionen wie in der von Muhammad gestifteten Religion des Islam ist Jesus ein Prophet. Auch wenn in der Zeit der beginnenden Kirche der prophetische Bezug Jesu eher in den Hintergrund trat, sprechen die Evangelien ihn deutlich als Propheten an. So zieht sich das Prophetenbild wie ein roter Faden durch das Lukasevangelium. Jesus wird als Prophet des Höchsten angekündigt (Lk 1,76). Nach seinem Tod halten die Emmausjünger fest: „Er war ein Prophet, mächtig in Wort und Tat vor Gott und dem ganzen Volk." (24,19) Es bleibt bei dem Bekenntnis: „Das ist wirklich der Prophet, der in die Welt kommen soll." (Joh 6,14; vgl. 1,45; 4,19) Im Koran ist Jesus, eingeordnet in die Geschichte der Propheten, ein Glied in der Kette der Propheten auf dem Weg zum Siegel des Propheten Muhammad.

Eingeordnet können – wie gesagt – Inder auch in Jesus eine „Inkarnation" (Sanskrit: einen *avatāra*) des heilbringenden Vishnu erblicken. Gerade hier aber wird deutlich: Jesus von Nazaret ist nicht die *eine und einzige* Inkarnation Gottes, sondern nur *eine* unter anderen. Es fragt sich inzwischen, ob der auch von indischen Christen für die Menschwerdung Jesu gebrauchte Begriff *avatāra* eine glückliche Lösung darstellt. Denn ganz offensichtlich gelingt es in der Minderheitensituation der Christen in Indien nicht, mit Hilfe dieses Begriffs die Einzigkeit Jesu hinreichend zum Ausdruck zu bringen.

Wo Religionen ihr zentrales Wirkungsfeld in der Vermittlung von Heil und Heilung sehen, ist Jesus zweifellos eine eindrucksvolle Heilergestalt, die den Menschen nicht nur körperlich, sondern bis in seine Psychosomatik und somit in seine Ganzheitlichkeit zu heilen und zu erneuern versteht (vgl. KF 266–270). Damit ist freilich noch nicht berücksichtigt, dass die Heilungen Jesu zugleich „Sakramente", somit „Verweiszeichen" auf eine umfassendere Heilung, das grundlegende, Menschen und Welt mit Gott verbindende Heil sind. Heil und Heilung betreffen dann den Menschen auch in seiner Schuld und in seiner Sünde, durch die er sich von Gott entfernt. Auch Vergebung der Schuld und Versöhnung sind Erfahrungen von Heilung. Eugen Biser möchte heute in einem umfassenden Blick das Christentum grundsätzlich als „therapeutische Religion" angesprochen sehen.[10] Wichtig ist aber dann die Antwort auf die Frage, ob bei allen Versuchen der Einordnung nicht die Einzigkeit Jesu doch verkürzt wahrgenommen wird und am Ende gar verloren geht. In der Tat stoßen wir gegen alle Versuche der Einreihung auch auf die Aussage, dass Jesus von Nazaret nicht einreihbar ist.

„Das Kreuz hat keinen Handgriff" (Kosuke Koyama)

Der japanische Theologe Kosuke Koyama hat sein Christusbild mit dem Satz *„Das Kreuz hat keinen Handgriff"* auf einen Nenner gebracht und ihn zum Titel eines Buches gemacht (Göttingen 1978). Koyama lenkt damit den Blick auf das zentrale Ereignis im Leben Jesu: seinen Kreuzestod, den die Christenheit als in Angebot und Wirkung einmaliges und einzigartiges Heilsereignis der Menschheitsgeschichte ansieht. Die Uneinreihbarkeit Jesu gründet hier letztlich in einem radikal veränderten Gottesverständnis. Folgendermaßen macht Koyama die Unvergleichlichkeit Jesu anschaulich:

> „Jesus, beladen mit dem Gewicht des klobigen, grifflosen Kreuzes – das ist unter dem Aspekt der Mission ein inhaltsschweres Bild, von dem aus Licht auf die theologische Bedeutung unserer Alltagssituation in Asien fällt. Das Bild etwa eines Jesus, der ein Kreuz so trägt wie ein amerikanischer Geschäftsmann in Hongkong sein Aktenköfferchen, ist theologisch steril und missionarisch abschreckend. Wir kön-

nen Jesus bartlos darstellen. Wir können ihm eine Krawatte umbinden, ihm eine Brille aufsetzen und ein Transistorradio in die Hand drücken. Wir können ihn sogar eine farbige Diners-Club-Karte in der Hand halten lassen. Aber versieht man sein Kreuz mit einem Griff, so dass er es tragen kann wie ein Geschäftsmann sein Köfferchen, dann hat der christliche Glaube den Boden unter den Füßen verloren; dann ist die Theologie paralysiert und die christliche Ethik ihrer inneren Inspiration verlustig gegangen. Ein solcher Jesus, der sein Kreuz trägt wie ein anderer sein Köfferchen – letztlich weist das auf einen Gott hin, der die Welt ebenso wie ein Mensch sein Köfferchen trägt –, bedeutet den Herzinfarkt des Glaubens. Wie gründlich, faszinierend, effekt- und kraftvoll die an einen solchen Jesus anknüpfende Theologie auch immer sein mag: Sie kann der rettenden Botschaft selbst und dem Weg, auf dem nach biblischer Überlieferung unsere Rettung geschieht, nicht gerecht werden. In der Bibel hat das Kreuz keinen Griff. Lassen Sie es mich ganz deutlich sagen: Nach meinem Dafürhalten ist das Bild Jesu, der auf seinen Schultern das unerträgliche Gewicht des unförmigen Kreuzes schleppt – er wusste nicht, wie er es tragen sollte, aber jedenfalls trug er es ohne Griff –, von grundlegender Bedeutung. Anders lässt sich im heutigen Asien nicht erreichen, was brennend wichtig wäre: Dass die christliche Wahrheit verständlich gemacht und verstanden wird.“ (13 f.)

Das Argument ist, sucht man nach seinem biblischen Ursprung, paulinisch. Paulus sieht sich, wie wir im 1. Kapitel des 1. Korintherbriefs lesen, gesandt, das Evangelium zu verkünden und zwar so, dass „das Kreuz Christi nicht um seine Kraft gebracht wird“, – wörtlich: „dass es nicht entleert werde“ (1,17). Für die Verkündigung vom Kreuz aber gibt es keinen „Anpack“, weder Zeichen, wie sie von den Juden gefordert werden, noch Weisheit, wie die Griechen sie suchen. Paulus verkündet „das Wort vom Kreuz“, für die, die verloren gehen, als eine Torheit, für die, die gerettet werden, als Gottes Kraft (vgl. 1,18).

Das vorausgesetzt, ist für Koyama aber dann das alttestamentliche „Höre, Israel“ (Dtn 6,4; hebr. *šema’*) Zugang zum Kreuz. Wer diesen Aufruf so vernimmt, dass er wahrhaft

Ohren hat zu hören, ist nach ihm befähigt, Gottes Stimme in seiner Einmaligkeit auch in anderen Religionen zu hören.[11] Denn die Stimme der Torheit des Kreuzes ist für ihn über die Grenzen des verfassten Christentums hinaus überall da vernehmbar, wo die Stimme der Leidenden einen Widerhall zum Todesschrei Christi in seiner letzten Stunde darstellen.

Ein Grenzgänger zwischen Judentum und Christentum war – bei aller letztgültigen Rückbindung an das Judentum – der jüdische Religionswissenschaftler und Neutestamentler Pinchas Lapide (vgl. KF 233 ff.). Er scheute sich nicht, dem Rabbi von Nazaret selbst eine „jüdische Uneinreihbarkeit" zuzusprechen. Nach ihm erschöpft sich Jesu Judesein nicht darin, dass er ein Wanderlehrer, ein Gesetzeslehrer oder ein Parabeldichter war. Jesus lässt sich nicht in die uns bekannten Glaubenskategorien von Glaubensmännern einordnen. Einen Unterschied zwischen Christentum und Judentum sieht Lapide aber darin, dass das Christentum sich eher als *Wer-Religion* charakterisieren lässt, während das Judentum demgegenüber eher eine *Was-Religion* ist. Das Christentum fragt immer wieder: „Wer?": Wer ist Gott? Wer ist sein Sohn? Wer ist ein wahrer Christ? Stattdessen würden gläubige Juden eher fragen: Was hat Gott auf Erden bewirkt? Was ist sein Wille? Was hat er mit uns vor? Lapide teilt somit unsere Sicht, das Christentum nicht als Sachgröße zu betrachten, sondern auf Jesus als Person zu achten.

Damit stehen wir wieder am Anfang unserer Überlegung: Wer Christentum sagt, muss Jesus Christus sagen. Nicht was heute als Christentum in Erscheinung tritt, führt uns in seiner Vielgestaltigkeit notwendig zum Ursprung, sondern einzig der Wille, diesem Ursprung im Laufe der Geschichte, der Person Jesu Christi in allen Strukturen, allen Systematisierungen in Dogmatik und Ethik, aber auch in allen Formen der Liturgie und des Rituals zu begegnen. Hier gilt es, vieles von seinen Verkrustungen zu befreien, so dass das wahre Antlitz Christi wieder sichtbar wird. Eher unbeachtet gehört zu diesen Befreiungen von Erstarrtem das unübersehbare Bemühen Papst Johannes Pauls II., überall in der Welt und zu allen Zeiten in Menschen der Nachfolge Christi das fortlebende Antlitz Jesu wiederzuentdecken. Jesu Antwort im Johannesevangelium 14,9:

„Wer mich gesehen hat, hat den Vater gesehen"

findet ihre Fortsetzungsgeschichte überall da, wo Menschen in einem Christusjünger das Antlitz Jesu entdecken können. Wären Menschen, auch Christen, nicht so unsensibel, würden sie ihrerseits erkennen, wie Jesus immer neu Gestalt gewinnt in den Jüngern aller Zeiten. Dabei sind es keineswegs die Großen, auf die wir zu schauen haben, sondern vielmehr die Kleinen, oft Übersehenen, die das Kreuz Christi durch unsere Zeit tragen.

Auf dem Weg der Nachfolge Jesu

Wichtig ist für das Christentum, dass es – recht verstanden – eine Weg-Religion ist. Für Christen heißt das, dass sie sich mit Jesus auf einem Weg wissen. Wer um die Weghaftigkeit des Christseins weiß (vgl. dazu KF 377–382), erkennt auch im Christentum die Geschichte eines Weges. Es käme dann darauf an, dass der, der wahrhaft Christ, d. h. Christusjünger sein will, sein Christsein als immer neue Begegnung mit dem fortlebenden Jesus Christus versteht. In diesem Sinne ist Jesus Christus kein Forschungsobjekt, sondern auch heute ein sich offenbarendes und uns real begegnendes Subjekt, das Intersubjektivität und wahre Kommunikation zwischen sich und uns herstellt. Es geht darum, dass wir mit ihm in Kontakt treten.

Auf diesem Ansatzpunkt ist schon deshalb zu bestehen, weil das Christentum viel zu lange als ein System von Lehren und Moralvorschriften, darüber hinaus von Ritualien in jahreszyklischen wie in familiären Abläufen erlebt wird. Dogma und Moral waren die eine Seite, die Feste im Jahreskreis, Weihnachten, Ostern und Pfingsten, auch regionale wie lokale Feste, aber auch familiäre Initiationsriten wie Taufe und Erstkommunion, sodann Hochzeit und Jubiläen, schließlich Begleitriten in Krankheit und beim Tod die andere Seite. Dass Menschen aus gesellschaftlichen Ereignissen notwendigerweise in die persönliche Christusnachfolge finden, lässt sich nicht mehr behaupten. Gerade darum aber ist nicht zu übersehen, dass das Christentum heute seinen Wegcharakter neu entwickeln muss.

Nun gehört es zu den Entdeckungen unserer Tage, dass viele andere Religionen sich gleichfalls als Weg verstehen. Das hat zur Folge, dass die Religionen gerade als Wegangebote und Wege in Konkurrenz miteinander treten. Was aber ist mit einer Religion, die sich als Wegangebot erst neu entdecken muss? Was ist mit religiösen Führern, die mehr mit Reflexionen beschäftigt sind als mit den Anleitungen zum Wettlauf? Religiöse Menschen aber sind Wettläufer im Stadion der Weltgeschichte.

Nur stellen sich heute ganz andere Fragen: Haben die Läufer in der Arena alle dasselbe Ziel vor Augen, wenn sie laufen? Es geht um das Ziel unseres eigenen Lebens, es geht aber auch um das Ziel der Menschheitsgeschichte, letztlich der Welt, in der wir leben. Wer aber setzt das individuelle wie das umfassende Ziel? Sind wir Menschen selbst diejenigen, die das Ziel bestimmen, oder ist uns das Ziel gesetzt? Es kommt hinzu: Wenn unser individuelles Lebensziel eingebettet ist in eine umfassendere Zielsetzung, dann ist das persönliche Ziel nicht ohne Beziehung zum Anderen, zu unserer Umwelt, zu Familie und Volk, zur Gesellschaft im umfassenden Sinne zu verwirklichen.

Hier aber kommen Ziel und Weg zusammen, und die Frage ist: Gehen wir alle denselben Weg? Die vordergründige Erfahrung lehrt uns, dass das nicht der Fall ist. Doch selbst wenn wir unterschiedliche Wege gehen, könnte es sehr wohl sein, dass sie alle zum Ziel führen – aber nochmals: zum selben Ziel? Sprichwörter wie „Alle Wege führen nach Rom“ oder „Alle Wege führen auf den Gipfel des Fuji-san“

insinuieren, dass das so ist. Doch es bleibt dabei, dass sich Menschen auch heute verirren, dass es also richtige Wege und Irrwege gibt. Gerade darum macht es einen Sinn, wenn wir uns einem Wegführer anvertrauen, wenn wir hinter ihm her gehen, weil er den Weg kennt. Das Christentum erinnert sich inzwischen wieder stark an das Jesuswort im Johannesevangelium 14,6:

„Ich bin der Weg."

Da unsere weitere Überlegung diese Wegweisung in Verbindung bringt mit anderen Wegweisungen, kommt es im weiteren Verlauf dahin, dass wir in einem ständigen Hin- und Herblick auf die Religionen und auf unseren durch Jesus den Christus bestimmten eigenen Weg schauen. Nur wer sich selbst auf dem Weg weiß, wird freilich ahnen, wie uns ein solches Hin- und Herschauen selbst verändert. Denn auf dem Weg begegnen wir, wenn wir unsere Sinne geöffnet halten und uns nicht von vornherein abschotten, Fremdem und Anderem. Das Fremde und Andere tut uns inzwischen immer weniger den Gefallen, dass wir es in unsere eigene Vorstellungswelt einordnen können und so mit ihm fertig werden. Zu lange war die europäische Geschichte davon geprägt, dass Fremdes und Anderes für minderwertig, daher für uninteressant und unnütz erklärt wurde; und wenn man die heutige Ausländerfrage beachtet, zeigt sich immer noch, dass die Frage der Nützlichkeit im gesellschaftlichen Umgang mit Fremden einen äußerst hohen Stellenwert besitzt. Inzwischen werden aber aus den Fremden und Anderen Fremde und Andere mit je eigenen Gesichtern. Auch sie haben ihre Individualität, ihre Menschenwürde und ihre Menschenrechte. Entsprechend können wir auf die Dauer nicht mehr nur *über* sie sprechen, wir müssen *mit* ihnen leben und sprechen. Aus dem Studium des Fremden erwächst ein Dialog mit den Fremden.

Für unsere weitere Überlegung sei bereits an dieser Stelle auf einen zentralen Punkt hingewiesen, der es mit dem religiösen Aspekt des hier angeforderten Dialogs zu tun hat:

Wenn wir von Jesus von Nazaret uns den Weg zeigen lassen, ja in ihm den Weg selbst erblicken, dann ist zu beachten, dass wir in ihm unseren Weg verpassen, wenn wir seine Gottesbeziehung außer Acht lassen (vgl. KF 273–276). Er, der Gott seinen Vater nennt, tritt im Rahmen der Heiligen Schrift immer deutlicher als „*der* Sohn“ in Erscheinung; als solcher kommt ihm dann eine unvergleichliche Autorität zu. Wer hier relativiert, indem er erneut einzuordnen versucht, steht vor der Aufgabe, das Alternativangebot zu dem konkreten christlichen Anspruch zu benennen. Bei allen Eigentümlichkeiten, die andere Stiftergestalten an sich tragen, ist, soweit man in die Geschichte schaut, schwerlich jemand zu entdecken, der Jesus den Anspruch, *der* Sohn zu sein, streitig macht.

2. Religion – Religionen – Religiosität

Ehe wir der Frage nach Jesus und den Religionen weiter nachgehen, bedarf die Frage nach dem, was wir unter Religion verstehen, der Klärung. So fragen wir in einem zweiten Schritt: Was verstehen wir christlich-theologisch unter Religion? Was wird in der heutigen Gesellschaft unter Religion verstanden? Dabei gehen wir von dem ursprünglichen Verständnis von Religion aus, werden aber dann sehen, dass dieses sich nicht mehr einfach auf die Mehrzahl von Religionen übertragen lässt. Dafür beobachten wir, dass vielfach das, was aus dem alten Religionsbegriff verloren gegangen ist, heute in neuen Begriffen Ausdruck findet; wir sprechen heute nicht nur von Religion und Religionen, sondern auch von Religiosität und Spiritualität.

Religion als Rückbindung

Etymologisch ist der Ursprung des lateinischen Wortes *religio* nicht mehr eindeutig zu klären. Drei Möglichkeiten sind diskutiert worden:

relegere = erneut lesen, sich immer wieder hinwenden
religari = gebunden sein, sich binden
reeligere = erneut wählen.

Die Rückbindung an den grundlegenden Text der Heiligen Schrift, die Haltung der Umkehr und Bekehrung und die Hinordnung auf Gott lenken miteinander den Blick auf Wesenszüge der Religion, die sich in der abendländischen Religionsgeschichte durchgesetzt haben. Danach ist Religion zunächst ein Verhaltensbegriff, der sich auf Gott und die von ihm gesetzte Ordnung richtet. In der hochmittelalterlichen Theologie des Thomas von Aquin gehört *religio* zur Kardinaltugend der Gerechtigkeit und bezeichnet die

Gott geschuldete Haltung des Menschen (vgl. S.th. II-II q.81 a.2; q.122 a.2). Solange der Satz gilt: „*Agere sequitur esse*" („Das Handeln folgt dem Sein"), folgt das Verhalten des Menschen der ihm – von Gott – vorgegebenen Ordnung. Erst wo die Abfolge „erst Sein, dann Handeln" sich auflöst, kommt es zu neuen Ordnungsbestimmungen.

Bedenkt man, dass sich das Verhalten des Menschen seinerseits Strukturen schafft und dass es zudem parallel zur Christentumsgeschichte von Anfang an Parallelgeschichten der „*religio*" gab, dann werden zwei Dinge verständlich, die heutigentags selbstverständlich sind:

(1) Von Religion lässt sich im Plural sprechen, so dass sich die Frage nach der „*vera religio*" (Augustinus), der „wahren Religion", stellt.

(2) Die Frage nach der „wahren Religion" ist nicht allein im Blick auf das einzelmenschliche Verhalten zu lösen, sondern bezieht sich auch auf die Phänomene religiösen Lebens; zu diesen zählen die religiöse Gemeinschaft und Sozialisation, die religiöse Lehre und das religiöse Ritual. Das wiederum setzt voraus, dass sich aus dem Verhaltensbegriff Religion ein Organisations- bzw. Systembegriff Religion entwickelte, der vor allem da an Bedeutung gewann, wo das abendländische Christentum in der Zeit der Entdeckungen auf eine Vielzahl von „Religionen" stieß. Dieser Sekundärbegriff von Religion hat sich seit der europäischen Neuzeit immer stärker verselbständigt und in der heutigen Zeit den Primärbegriff von Religion nahezu verdrängt.

Religion im europäischen Verständnis

Die europäische Neuzeit ist aber auch noch auf andere Weise für das Verständnis von Religion bedeutsam. Denn hier ist nicht nur auf die bis dahin vom Christentum unberührten oder zumindest kaum berührten geographischen Kulturräume außerhalb Europas zu achten. Vielmehr ist der

Blick nach außen – außerhalb Europas – mit dem nach innen – innerhalb Europas – zu verbinden. Hier aber stoßen wir auf den Prozess des inneren Verfalls und Verlusts eines bis dahin vorrangig im Christentum bzw. im jüdisch-christlichen Denken geeinten Europa. Seit Beginn der Neuzeit verliert das Christentum zusehends seine zentrale Stellung, und die Ablösungsbewegung führt in eine Situation, die inzwischen als eine komplexe gesellschaftliche Wirklichkeit zwischen Atheismus und Pantheismus beschrieben werden kann.

Die Auflösung der Einheit von Staat und Kirche(n) hatte die so genannte „*Säkularisierung*“ zur Folge, das heißt die Lösung von Gesellschaft und Staat aus der Vorherrschaft der (christlichen) Religion, verbunden mit der Abwendung von Gott als der alles und über alles verfügenden höchsten Instanz für das private wie das öffentliche Leben. In einem nach wie vor unabgeschlossenen Prozess entwickelte sich das öffentliche Leben immer mehr zu einem Bereich „ohne Gott“, zumindest außerhalb der Zuständigkeit Gottes. „Gott“ ist in der heutigen Öffentlichkeit höchstens noch eine Chiffre für das Letztlich-Unverfügbare.

Inzwischen erweist sich aber auch die Idee einer in der religionsfreien, gott-losen Säkularisierung endenden Geschichte als überholt. Zwar ist eine Verflüssigung des personalen Gottesbegriffs unübersehbar. Die Wandlung Gottes zu einer Chiffre macht zudem deutlich, dass es offensichtlich eine Mehrzahl von Gottesbegriffen und -vorstellungen gibt. Thomas Ruster, der Christentum und Religion entflechtet sehen möchte, spricht zu Recht von einem „verwechselbaren Gott“[12], so dass sich entsprechend die Frage nach dem „wahren Gott“ neu stellt. Wo aber aus dem persönlichen Gott das Göttliche im Neutrum wird und dieses dann überall gefunden werden kann, gewinnt an Stelle des Monotheismus der Pantheismus neues Profil. Mit diesem wiederum bekommt bei aller Betonung der säkularisierten Welt die Mystik neues Gewicht.[13]

Aus den indischen Upanishaden:
Brhadāranyaka I 3,28:
Vom Nichtsein führe mich zum Sein,
von der Finsternis führe mich zum Licht,
vom Tod führe mich zur Unsterblichkeit!
Wenn er (d. h. der Sterbende) sagt: „Vom Nichtsein führe mich zum Sein“, so ist
das Nichtsein der Tod, das Sein ist die Unsterblichkeit. „Vom Tod führe mich zur Unsterblichkeit“, so heißt es: „Mache mich unsterblich!“ „Von der Finsternis führe mich zum Licht“: Der Tod ist wahrhaft Finsternis, das Licht ist Unsterblichkeit. „Vom Tod führe mich zur Unsterblichkeit, mache mich unsterblich!“, wenn er so sagt: „Vom Tod führe mich zur Unsterblichkeit“, dann liegt darin nichts Verborgenes.

Brhadāranyaka III 9,26:
„Worin bist du und dein ātman gegründet?“
„Im Atem.“
„Dieser ātman ist nicht dieses und nicht jenes (*neti neti*). Er ist unfaßbar, denn er kann nicht erfaßt werden. Er ist unzerstörbar, denn er kann nicht zerstört werden. Er ist ungebunden, denn er bindet sich an nichts. Er ist frei, unerschütterlich, unverletztlich.“

Chāndogya VI 11:
„Wenn man, mein Lieber, einen großen Baum an der Wurzel anschlagen würde, so würde Saft herausfließen, weil er lebt. Wenn man ihn in der Mitte anschlagen würde, so würde Saft fließen, weil er lebt. Wenn man ihn an der Spitze anschlagen würde, so würde Saft fließen, weil er lebt. So steht er freudig, Lebenskraft trinkend, weil er von dem lebendigen ātman durchdrungen ist.
Wenn aber das Leben einen Ast verläßt, so verdorrt er, wenn es einen zweiten verläßt, so verdorrt er, wenn es einen dritten verläßt, so verdorrt er, wenn es aber den ganzen Baum verläßt, so verdorrt der ganze Baum.

Ebenso sollst du, mein Lieber, es wissen: Wenn dieser (Mensch) vom Leben verlassen wird, so stirbt er, doch das Leben stirbt nicht.
Was diese feine Essenz ist, das hat diese ganze Wirklichkeit als ihr innerstes Prinzip. Das ist die Wahrheit. Das ist der ātman. *Das bist du (tat twam asi)*, Shvetaketu!"

(Übersetzung *B. Bäumer*[14])

Aus Laotse, Tao te king, Kap. 1:

Der SINN (*tao*), der sich aussprechen läßt,
ist nicht der ewige SINN:
Der Name, der sich nennen läßt,
ist nicht der ewige Name.
„Nichtsein" nenne ich den Anfang von Himmel
und Erde.
„Sein" nenne ich die Mutter der Einzelwesen.
Darum führt die Richtung auf das Nichtsein
zum Schauen des wunderbaren Wesens,
die Richtung auf das Sein
zum Schauen der räumlichen Begrenztheiten.
Beides ist eins dem Ursprung nach
und nur verschieden durch den Namen.
In seiner Einheit heißt es das Geheimnis.
Des Geheimnis noch tieferes Geheimnis
ist das Tor, durch das alle Wunder hervortreten.

Tao te king, Kap. 11:

Dreißig Speichen umgeben eine Nabe:
In ihrem Nichts besteht des Wagens Werk.
Man höhlet Ton und bildet ihn zu Töpfen:
In ihrem Nichts besteht der Töpfe Werk.
Man gräbt Türen und Fenster, damit die Kammer werde:
In ihrem Nichts besteht der Kammer Werk.

Darum: Was ist, dient zum Besitz.
Was nicht ist, dient zum Werk.

(Übersetzung *R. Wilhelm*[15])

Mystik ist inzwischen keineswegs mehr Ausdruck für ein elitäres Gottesverhältnis, sondern steht für ein das Leben des Einzelnen bestimmendes Gottesverhältnis, das seinerseits oft von außerchristlichen Anstößen geprägt und gespeist ist. In einem geistigen Umfeld, in dem Gott als Schöpfer in den Geschöpfen gesucht und auf ihn als Ursprung und letztes Ziel geschlossen wurde, stand seine Transzendenz stärker im Bewusstsein als seine Immanenz. Die Suche Gottes in der Stimme des Gewissens, aber dann auch in der Biographie von Heiligen sind Glaubenszugänge der Neuzeit. Dass dann auch das Leben und die Erfahrung der Mystiker verstärkte Beachtung fand, hat nicht zuletzt damit zu tun, dass die Mystik in wachsendem Maße für die Religionen Asiens reklamiert wurde. Hier trat der Weg nach innen erneut in den Vordergrund. Entsprechend wurden die Lehrer der inneren Wüste und Leere ganz allgemein zu Lehrern der Gottsuche und Gottfindung auf dem inneren Weg. Kampf in der Welt und Einsatz für die Freiheit verbanden sich mit Kontemplation. Zu den Lehrern zählten die klassischen Mystiker am Beginn der Neuzeit, der heilige Ignatius von Loyola mit seinen Geistlichen Übungen, Teresa von Avila mit ihren Berichten, Johannes vom Kreuz mit seinen geistlichen Liedern, Meister Eckhart mit seinen Predigten und Abhandlungen, schließlich die anderen Vertreter der rheinischen und niederländischen Mystik. Zu ihnen gesellten sich die Mystiker unserer Tage, Charles de Foucauld, Simone Weil, Madeleine Delbrèl und andere.

Religionen – konkret

Wo Religion weniger von der konkreten Bindung des einzelnen Menschen an seinen Gott her verstanden wird, sondern das Gehäuse religiöser Gemeinschaften und ihrer Selbstverständnisse und Verwirklichungsformen ist, ändert sich der Blickwinkel entscheidend. Aus Religion werden

Religionen im Plural. Wo diese dann verglichen werden, bedarf es entsprechender Urteilskriterien, aber auch der Autoritäten, die solche Kriterien vorstellen und anwenden können. Es kommt hinzu, dass die Definition von Religion ihrerseits problematisch wird. Das zeigt bereits ein Blick in die Landschaft der Wissenschaften, wo Religionswissenschaften, Philosophie und Theologie miteinander um das Definitionsrecht streiten.[16]

Mit der Pluralisierung des Organisationsbegriffs Religion wird dieser zugleich zu einem Genusbegriff. Hier aber ist zu beachten, dass dieser Genusbegriff dann „von außen", konkret: aus der abendländisch-europäischen Welt, auf außereuropäische Phänomene, Formationen und Organisationen übertragen worden ist. Da aber der Begriff „Religion" in keiner Religion zur ursprünglichen Selbstbezeichnung gedient hat, hat die Verwendung des Begriffs oft genug zur Einebnung des jeweiligen Selbstverständnisses geführt. Der Begriff „Religion", wie er heute in den verschiedenen Kulturbereichen der Welt gebraucht wird, ist in der Regel ein Übersetzungsversuch aus dem Abendland. In diesem Sinne aber wird dann „Religion" zum Bestandteil eines Prädikats: Das Christentum ist eine Religion, der Islam ist eine Religion, der Shintō ist eine Religion. Beim Hinduismus gibt es insofern Schwierigkeiten, als die vielfältigen, im Laufe der Geschichte aufgetretenen Gestalten von Religion einen solchen Grad von Eigenständigkeit besitzen, dass heute nicht selten von Hindu-Religionen gesprochen wird.[17] Schwierigkeiten gibt es auch da, wo – wie im Buddhismus, im Konfuzianismus und Taoismus – ein eindeutiger Bezug zum Göttlichen bzw. zu Gott ausfällt. Entsprechend war lange Zeit von Philosophie oder Gesellschaftsethik u. ä. die Rede. Am ehesten konnte noch der Taoismus als Religion angesprochen werden, da er über die Vordergründigkeiten des Lebens auf das Hintergründig-Jenseitige hin orientiert und dieses auf dem Weg der Praxis zu erreichen sucht.

Wenn aber „Religion" zum Prädikat wird, kann durchaus

die Frage gestellt werden, ob der ausgesagte Satz der Wirklichkeit entspricht. Was von Karl Barth und Dietrich Bonhoeffer bis zu Thomas Ruster für das Christentum angefragt wird, lässt sich auch für andere „Religionen" anfragen, für den Islam, das Judentum, den Buddhismus, den Konfuzianismus. In gewissem Sinne stellt die Entscheidung der Väter des 2. Vatikanischen Konzils, in der Erklärung *Nostra aetate* den Buddhismus unter den Religionen aufzuzählen, einen Eingriff in eine laufende Debatte dar. Nicht zu übersehen ist, dass asiatische Theologen wie z. B. Aloysius Pieris SJ sich dagegen wehren, dass der Buddhismus nur für eine Philosophie und nicht zugleich für ein Heilsangebot gehalten wird.[18]

All diese Beobachtungen führen zu dem Ergebnis, dass der Begriff „Religion" hier nicht so verstanden werden darf, dass unter Absehung von der Konkretheit der einzelnen Bewegung über einen Gesamtbereich „Religion" verhandelt werden kann, der dann – wie es soziologisch angeraten wird – sektoral zu verstehen ist, das heißt: als einer unter anderen Bereichen des gesellschaftlichen Lebens. Religion ist vielmehr immer konkret, und auch die Religionen sind konkret und müssen in ihrer Konkretheit wahrgenommen werden.

Das hat für den wechselseitigen Umgang der Religionen Konsequenzen. Denn inzwischen reift die Zeit heran, in der wir uns nicht mehr mit *„den* Religionen", sondern vielmehr mit konkreten Religionen, also mit Gläubigen, die sich konkret an einer bestimmten Religion orientieren und sich zu dieser bekennen, befassen müssen. Das macht die *Begegnung der Religionen*[19] nicht einfacher und hat zur Folge, dass in Zukunft nicht mehr pauschal über *„die* Religionen" gesprochen und geurteilt werden darf.

Der Einladung, auf christlicher Seite weniger vom Christentum als von Jesus Christus zu sprechen, entspricht die umgekehrte Einladung, die anderen Religionen ihrerseits von ihren Ursprüngen, ihrem Stifter, ihrer Geschichte und ihren konkreten Nachfolgegestalten, somit von ihrem heute gültigen Selbstverständnis her zu verstehen.[20]

Daraus ergibt sich wiederum, dass auch die Verstehensmuster nicht mehr einfach unsere eigenen sein können, so dass am Ende alles Fremde und Andere an uns selbst gemessen und im Vergleich zum eigenen Standpunkt verstanden und beurteilt wird. In diesem Punkte stehen auch die Vertreter anderer Religionen im Augenblick noch keineswegs besser da als die Christen. Doch gerade weil sich im Christentum von Anfang an das Problem der Einstellung zum Anderen gestellt hat, müssen Christen ihre tatsächliche Einstellung zu Anderen und Fremden wie auch zu Anderem und Fremdem heute in einer immer stärker pluralistisch denkenden und handelnden Welt überprüfen. Die Gefahr, dass zwar die Theorie stimmt, nicht aber die Praxis, ist groß. Entsprechend ist nach wie vor die Tendenz stark, dass jeweils der eigene Standpunkt zum Richtpunkt der Beurteilung alles Anderen und Fremden genommen wird.

Vor allem zwei Dinge gilt es aber dann angesichts des Pluralismus zu bedenken: (1) Weil im jüdisch-christlichen Raum wie nirgendwo sonst das Personsein und damit die Würde des einzelnen Menschen betont worden ist, muss auch der Andere in seinem Personsein, seiner Einzigkeit, seinem Subjektsein und seiner Würde respektiert werden; der Andere darf folglich nicht nur Objekt meiner Beschäftigung und Forschung, schon gar nicht Objekt meiner Verfügung sein, sondern muss als mein personhaftes Gegenüber, als Subjekt in seiner Unverfügbarkeit anerkannt werden. (2) Das führt zu der von Jacques Dupuis bedachten Frage nach der positiven Bedeutung des religiösen Pluralismus bis in den eigenen Rahmen heilsgeschichtlichen Denkens hinein. Hier hat die Reflexion im Grunde erst begonnen. Sie gewinnt aber nicht dadurch, dass die Betonung des Eigenen vorschnell als Arroganz und Herrschaftsgebaren abqualifiziert wird und – im Gegensatz zu früheren voreiligen Ablehnungen des Fremden im Sinne des Versuchs einer schnellen Wiedergutmachung – allem Fremden heute von vornherein der Vorzug gegenüber dem Eigenen eingeräumt wird.

Beides steht als Aufgabe an: Die praktische Begegnung von Menschen unterschiedlicher Herkunft und Zugehörigkeit ereignet sich immer neu und bringt zugleich die Nachfrage nach einer vertieften *gegenseitigen* Einschätzung mit sich. Die zweite Aufgabe gehört stärker in den Bereich theoretischer Reflexion und Erörterung, wobei heute zu beachten ist, dass sie nicht mehr im elfenbeinernen Turm der reinen Beschäftigung mit sich selbst zu lösen ist. Wo hier nicht bei aller Verankerung im eigenen Grund die offene Auseinandersetzung gesucht wird und diese sich in reiner Apologetik, also in der Verteidigung und Begründung des eigenen Standpunkts erschöpft, darf man sich nicht wundern, dass Menschen sich – unabhängig von den verschiedenen Glaubensstandpunkten – von einem vermeintlich „neutralen" Standpunkt jenseits aller Glaubenspositionen ein Urteil zu bilden und dieses zu verteidigen suchen. Die vermeintliche „Objektivität" und „Neutralität" impliziert letztendlich eine existentielle Standpunktlosigkeit und garantiert nur eine falsche Toleranz.

Religiosität – Spiritualität

Die Neutralisierung des Religionsverständnisses vollzieht sich vor allem dort, wo sich die vorwiegend in der vergleichenden Religionswissenschaft zu findende Haltung durchsetzt. Hier rücken Phänomene, Strukturen und geschichtliche Daten in den Vordergrund, sie laden aber auf jeden Fall nur sehr bedingt zu einer Identifizierung mit dem jeweiligen Studienobjekt „Religion" ein. In der Religionswissenschaft kann der einzelne Forscher Mitglied einer bestimmten Glaubensgemeinschaft sein; er kann aber auch völlig distanziert zu jeder Religion leben. Da der Religionsbegriff, wie er heute weithin verstanden wird, immer weniger im historisch ursprünglicheren Sinn als Verhaltensbegriff verwendet wird, hat inzwischen neben dem Organisationsbegriff ein neuer Begriff an Bedeutung gewonnen. Dieser hebt mehr auf die subjektive religiöse Befindlichkeit von einzelnen Menschen ab: *Religiosität*.

Religiosität meint das, was den Menschen als gottbezogenen Menschen existentiell beseelt, knüpft somit an der Innenseite von Religion an. In der Religiosität des Menschen steht weniger die Verbindung mit der religiösen Organisation und der religiösen Gemeinschaft im Vordergrund als der Kern und Ursprung des religiösen Weges. Religiös sind somit Menschen, die aus der Mitte ihres Glaubens ihr Leben gestalten, die aus der „Inspiration" eines solchen Glaubens leben.

Mit dem Begriff *„Inspiration"*, der theologisch vor allem für die Entstehung Heiliger Schriften verwendet wird und von dem Geist spricht, der deren Verfasser bei der Abfassung geleitet hat (vgl. KF 465–472), lenken wir den Blick auf den Geist, der die Menschen heute beseelt. Im christlichen Verständnis ist dies der Heilige Geist, der Geist von Vater und Sohn. Wie zentral in diesem Zusammenhang die Geist-Orientierung ist, beweist die Tatsache, dass in der Öffentlichkeit heute mehr von *Spiritualität* als von Religiosität die Rede ist. Spiritualität hat es mit *spiritus*, dem Geist, zu tun, indirekt auch mit dem griechischen *pneuma* und dem hebräischen *ruach*. Das in den Sprachen wechselnde Geschlecht für „Geist" zeigt, dass die Geschlechtlichkeit im Geist-Kontext unbedeutend ist. Wohl muss man beachten, dass im Hinblick auf die Bedeutung Jesu Christi sich heute insofern eine Akzentverschiebung anbahnt, als sich neben die lange vorherrschende Logos-Christologie, also ein Christus-Verständnis von der Verbindung mit dem göttlichen Wort (griech. *logos*) her, eine Pneuma-Christologie schiebt, also ein Christus-Verständnis vom Wirken des göttlichen Geistes her.

Spiritus stammt von *spirare* = atmen, ein- und ausatmen. Atem ist das, was uns be-seelt, belebt und immer neu schafft. „Geist" ist die Atmosphäre, die uns umgibt. Diese ist auf den ersten Blick formlos und ohne Gestalt und lässt sich im Grunde nicht fassen. Gerade darin gehört der Geist zu dem, über das Menschen nicht verfügen, das aber umgekehrt in seiner Mächtigkeit über den Menschen und alles Lebendige verfügt. Für das christliche Verständnis, in dem das Personale bis in Gott hinein bedeutsam ist (vgl. *G. Greshake* [1997]), ist auch der Heilige Geist „Person". Walter Kasper hat einmal gesagt, dass dem das Menschsein Umfassenden schon deshalb die Positivität des abendländischen Personbegriffs nicht abgesprochen werden kann, weil es in seiner Mächtigkeit nicht unterhalb menschlicher Personalität, sondern nur oberhalb von ihr anzusiedeln ist.[21] Das gilt auch für den Heiligen Geist. Er kann nicht weniger als die menschliche Person und somit unter- oder unpersönlich sein, sondern im Zweifelsfall immer nur überpersönlich.

Die Frage nach dem Personverständnis ist im Übrigen aus zwei Gründen eigens zu stellen: Einmal hat der vergleichsweise spät anzusetzende Personbegriff sowohl in die Philosophie wie in die christliche Theologie Eingang gefunden, das jedoch nicht auf gleiche Weise. Philosophisch war Person seit Boethius eher Ausdruck menschlicher Individualität. In diesem Sinne hat der Begriff die abendländische Geschichte bis in die Gegenwart hinein bestimmt. Person sagte hier jene menschliche Einzigkeit aus, die sich nicht mehr mitteilen ließ (lat. *incommunicabilis*) und folglich das Geheimnis eines jeden Menschen ausmacht. Theologisch galt es in der Rede von den „drei Personen" jede Individualität im Sinne einer eigenen Substanz, also eines Drei-Götter-Glaubens zu verhindern. Das geschah dadurch, dass das Wesen der einzelnen Person in der Relation, das heißt im Beziehungsgefüge von Vater, Sohn und Geist gesehen wurde. Gisbert Greshake weist in seinem großen Werk zur Trinität nach, dass beide Momente des Personbegriffs – der inkommunikable Selbstand des Einzelnen wie seine kommunikationseröffnende Relationalität – theologische Wurzeln haben (vgl. [1997] 47–216). Die beiden lange eher nebeneinander bestehenden Verständnisweisen haben inzwischen auch im Verständnis der menschlichen Personalität in der Erkenntnis zusammengefunden, dass der Mensch immer beides ist: individuelles und zugleich relationales Wesen. Dieser Doppelakzent in der Bestimmung des Menschen hat nicht zuletzt in der vergleichenden Anthropologie und damit für das interreligiöse Gespräch einen hohen Rang. Hier ist nur auf die asiatischen, zumal die chinesischen Anthropologien zu achten.

Eine zweite Überlegung geht dahin zu fragen, ob Personalität von Gott zum Menschen oder vom Menschen zu Gott hin zu denken ist.[22] Im ersten Fall wäre – mit Greshake u. a. – die vollkommene Verwirklichung von Personalität im dreifaltigen Gott zu erblicken und menschliche Personalität nur eine begrenzte Abbildung davon; im zweiten Fall wäre die Rede von der Person in ihrer Begrenztheit in Richtung auf Über- bzw. Transpersonalität hin aufzubrechen. Der japanische Religionsphilosoph Keiji Nishitani war bemüht, gegen ein vom begrenzten Individuum her gedachtes, letztlich in Egozentrik endendes Personverständnis zu einer diese Begrenztheit durchbrechenden Gestalt von Person vorzustoßen.[23] Im Gegensatz zu vielen anderen asiatischen Denkern gilt für ihn:

„‚Mensch als Person‘ ist zweifellos die höchste Idee vom Menschen, die bisher konzipiert wurde. Dies gilt auch für die von Gott als ‚Person‘."

Religiös leben besagt somit: kraft des Geistes leben, der in einer Religion bzw. auf einem religiösen Weg am Werk ist. Wie es die Frage nach dem wahren Gott unter allen Göttern gibt, gibt es auch die Frage nach dem einen wahren Geist zwischen allen Geistern. Die Frage nach dem wahren Gott wird in einem ersten Schritt gelöst, indem die Vielzahl der Götter – der Polytheismus – zugunsten *eines* Gottes – des Monotheismus – überwunden wird. Im zweiten Schritt bleibt aber dann die Frage, ob der eine Gott, von dem in verschiedenen Religionen die Rede ist, über alle Unterschiede zwischen den Religionen hinweg immer ein und denselben Gott meint. Konkret lässt sich das Gesagte erläutern an der unterschiedlichen Einschätzung des Gottes des Islam Allah und des Gottes des Judentums Jahwe, des Gottes der Väter, den Christen selbstverständlich auch als den Gott Jesu Christi verehren[24]. Es gibt aber heute auf der einen Seite Menschen, die in Allah und Jahwe denselben einen Gott erblicken – sie sind in der Mehrzahl; es gibt aber auch andere, die diese Identität nachdrücklich in Frage stellen und gar leugnen. Das Ringen um den einen Gott ist keineswegs zu Ende.

Unschärfer als die Frage nach Gott und Göttern und dann dem wahren Gott ist die Frage nach Geist und Geistern bis hin zur Bestimmung des Ungeistes und der Geistlosigkeit, die in vielen Bereichen des Lebens die Herrschaft angetreten haben. Im Unterschied zur theologischen Klärung der Gottesfrage ist die Unterscheidung der Geister – lat. *discretio spirituum* – lange vor den *Geistlichen Übungen* des heiligen Ignatius von Loyola ein wichtiges Moment der Spiritualitätsgeschichte und damit der spirituellen Praxis gewesen. Dass das Thema in der heutigen Begegnung der Religionen neue Aktualität gewinnt, zumal wenn diese als ein spiritueller Kreuzungspunkt erlebt wird, ist leicht nachzuvollziehen. Spiritualität, geistliche Praxis, spirituelle Erfahrung erhalten in dem Maße einen verstärkten Stellenwert, als die Spiritualität gegenüber organisatorischen Stärken einer Religionsgemeinschaft an Auszehrung leidet. An dieser Stelle trifft die Mahnung Papst Johannes Pauls II., die er mit seinem Schreiben vom 22. Januar 2001 an die deutschen Kardinäle und über diese an die deutsche Kirche gerichtet hat, einen zentralen Punkt:

> „Dankbar stelle ich fest, dass die Kirche in Ihrem Land eine solide organisatorische Struktur besitzt und durch eine Vielzahl von Einrichtungen im öffentlichen Leben präsent ist. Zugleich ist nicht zu übersehen, dass sich immer mehr Menschen vom aktiven Glaubensleben zurückziehen oder nur noch Teile des Evangeliums und der kirchlichen Lehre annehmen. Der fortschreitende Prozess der Säkularisierung und der damit verbundene Glaubensschwund droht die Kirche von innen her auszuhöhlen, so dass sie zwar nach außen hin stark erscheint, aber innerlich kraftloser wird und auch an Glaubwürdigkeit verliert.“ (Nr. 2)

Religion und Religiosität gehören heute wie Struktur und Inhalt zusammen. Wo Religion sich in Strukturelementen erschöpft, wird sie zu einer musealen Größe, die zwar interessant sein mag, doch keine Lebenskraft mehr vermittelt. Insofern ist der heutige Ruf nach Spiritualität in allen Religionen eine Einladung, sich auf das zu besinnen, woraus eine Religion lebt.

Gottbindung und/oder Menschenwerk?

Die Erinnerung an die sich weltweit ausbreitende Säkularisierung lenkt den Blick auf eine weitere, hier anzusprechende Problemstellung. Wo Religion Forschungsobjekt glaubensneutraler Wissenschaften wird, wird auch die Frage nach dem eigentlichen Stifter der Religion im Allgemeinen und der Religionen im Besonderen eingeklammert. Das heißt: Die Frage, ob hinter den Religionsstiftern noch ein Gott steht und in wessen Autorität sonst eine Religion entsteht, bleibt letztlich offen. Lange schien es, als ob in dem genannten Zusammenhang nach Gott nicht mehr gefragt würde. Das kann so heute nicht mehr gesagt werden.

Von Niklas Luhmann erschien posthum ein Werk: *Die Religion der Gesellschaft* (Frankfurt 2000). In ihm behält Religion ihre Funktion insoweit, als sie so etwas wie Sinnvertrauen entwickeln hilft. Jedes System aber steht vor dem Problem, dass es zwar innerhalb des eigenen Systems beobachten und handeln kann, es aber dann mit der Differenz von beobachtbar und nicht-beobachtbar zu tun bekommt. Der Beobachter kann sein eigenes Beobachten nicht beobachten. Das Auge kann sein eigenes Sehen nicht sehen. Für das System Religion löst Luhmann das Problem dadurch, dass er in Gott den „Beobachtergott" erkennt, das heißt: jenes Wesen, das die Differenz von Beobachten und Beobachtet-Werden aufhebt, so dass er das Jenseits aller Unterscheidungen bzw. die Transzendenz der Spannung von Differenz und Einheit ist. Dass Theologen dann nach Luhmann vor der unmöglichen Aufgabe stehen, die Beobachterrolle Gottes ihrerseits „beobachten" bzw. rational legitimieren zu müssen, ist an dieser Stelle nicht weiter zu thematisieren. Es reicht aus wahrzunehmen, dass die offensichtlich sinnvolle Funktionalisierung von Religion konsequenterweise die Funktionalisierung der Gottesfrage einschließt. Gott ist es, der nach Luhmann „eine kaum zu ersetzende Orientierungssicherheit" geboten hat und ohne den „Orientierung" zum Problem wird.[25]

Luhmann hat freilich in einem Punkte Recht: Wenn über die innerweltlichen Bezugspunkte des Ursprungs hinaus dennoch die Rede von Gott und seiner Stellung in einer Religion ist, wird Gott selbst zu einem Forschungs*objekt*. Vor diesem Problem steht auch die Theologie. Was aber ist, wenn Gott sich einer objektiv festmachen wollenden Wissenschaft einfachhin entzieht, weil die umfassende Instanz für alles und von allem keinem Versuch einer objekthaften Verdinglichung standhält?

Eine säkularisierte Sicht der Religionen führt aber auch

philosophisch eher dahin, dass die Frage des Ursprungs mehrere Antworten zulässt. Wenn wir vom Menschen als Subjekt der Kultur und damit aller mit der Kultur verbundenen Sektoren ausgehen, ist auch die Religion entweder Werk des Menschen oder eines anderen, vom Menschen zu unterscheidenden höheren Wesens. Wo die Welt als Schöpfung Gottes angesehen wird, gehört die Rückbindung an Gott, also die *religio,* zu den Geschöpfen Gottes. Wo aber die Religion in der Welt des Unglaubens und der Gottlosigkeit besteht und dann in die säkularisierte Welt eingeordnet wird, wird es – wie der vom Menschen geschaffene Gott – zum reinen Menschenwerk. An dieser Stelle genügt der Hinweis auf Denker wie Ludwig Feuerbach, Karl Marx, Siegmund Freud u. a., für die Gott ein menschlicher Entwurf ist und die Formel vom Menschen, der „nach dem Bild und Gleichnis Gottes" geschaffen ist, sich in die Formel von einem Gott, der „nach dem Bild und Gleichnis des Menschen" geschaffen ist, umkehrt. Gott wird hier zur Projektion des Menschen, zu einem Idealbild vom Menschen, der Übermensch. Entsprechend wird die Religion zum Überbau über den gesellschaftlichen Verhältnissen, agiert sie jedenfalls als Funktion der gesellschaftlichen Wirklichkeit (vgl. KF 51–56).[26]

Wo der Schrei Nietzsches „Gott ist tot!" über den Marktplatz der Welt hallt, fällt jedoch der Mensch auf sich selbst zurück. Was eine Religion ohne Gott ist, ist die Frage. Wo das Allerheiligste leer ist, bleibt im Grunde nur noch Platz für neue Götzen. In unseren Tagen ist so längst die Rede von solchen Götzen: Geld, Jugend, Konsum, Gesundheit u. a. Doch auch heute gibt es Menschen, die sich nicht – im Bilde Luthers gesagt – in sich selbst zurückkrümmen (*homo incurvatus in seipsum*), sondern sich ausstrecken nach dem, der über allem und jenseits aller Grenzen ist.

Wenn wir nicht allein auf den jüdisch-christlichen Gott setzen, müssen wir auch Menschen, die sich nicht zum Christentum bekennen, sagen lassen, wie sie über ihre

Begrenztheit hinauswachsen. Über die Begrenztheit hinauswachsen aber heißt dann zugleich frei werden – Befreiung, Erlösung. Wo das Leben als Verwundung erfahren wird, ist zu sprechen von: geheilt werden – Heilung und Heil. Wo Entzweiung, Streit und Krieg herrschen, entsteht Raum für Versöhnung und Einigung – Friede und Harmonie. Was hier Menschen in der Erfahrung der Entzweiung als Ideal vorschwebt, verfolgen sie zumeist bereits im irdischen Leben, und in der Tat gelingt es auch, Spuren der Erfüllung bereits in diesem Leben zu finden. Doch die Schwelle des Todes erlaubt es dem Menschen nicht, dass er seine Ideale hier auf Erden in Vollkommenheit verwirklicht findet.

Gegenüber allen endgültigen Grenzen bleibt der Mensch ohnmächtig. Deshalb kommt es hier auch auf seine Selbsteinschätzung an. Der Mensch kann sich heroisch mit seiner Begrenztheit abfinden. Er kann sich bemühen, die Freiräume zu erweitern und die Grenzen zu verdrängen. Er kann von Jenseits der Grenzen Hilfe aus der Unendlichkeit erhoffen. Er kann davon überzeugt sein, dass ihm von Jenseits der Grenzen ein Wort der Verheißung geschenkt wird. Dieses Jenseits kann dem Menschen selbst wie hinter einem Vorhang verhüllt erscheinen. Hinter dem Vorhang kann er auch eine offene Weite und eine unendliche Leere vermuten. Beides ist denkbar.

Nicht zu leugnen ist, dass wir solche Worte der Verheißung, die Ansage von unverlierbarem Leben – christlich gesagt: von Auferstehung, buddhistisch: von Todlosigkeit –, auch die Visionen bleibender Gemeinschaft über den irdischen Tod hinaus, die „neue Stadt", in der Geschichte vorfinden. Man mag solche Zukunftsentwürfe für irreal halten, – nicht irreal ist, dass sie sich in der Menschheitsgeschichte finden. Dass sich dann Menschen zu diesen Entwürfen bekennen und auf sie setzen und andere Menschen genau das nicht tun, ist eine andere Sache; sie betrifft nicht die geschichtlichen Wirklichkeiten, sondern die menschlichen Reaktionen auf die Entwürfe.

Mandala über dem Grab der heiligen Hildegard in Eibingen (aus: Hildegard von Bingen, Wisse die Wege – Scivias, © Otto Müller Verlag, Salzburg 1954)

In den Visionen der heiligen Hildegard von Bingen gibt es eine Vielzahl von Mandalas, runden Kreisgebilden, die unterschiedlich gestaltet sind. Das bekannteste Bild hängt in Kopie in der Grabeskirche der Heiligen in Eibingen am

Rhein über dem Hochaltar: Kreise, die sich nicht in der Leere und im Kreisen erschöpfen, sondern die Raum geben für eine Menschengestalt, die aus dem Hintergrund in den Vordergrund tritt.

Man kann dieses Bild mit der Darstellung radikaler Leere im Zen-Buddhismus vergleichen, etwa der 8. Station auf dem vielbesprochenen Ochsenpfad.[27]

Ein intensiveres Studium der aktuellen Religionen zeigt, dass aktive Gläubige dadurch den rein menschlichen Projektionen und Träumen entrinnen, dass sie ihre Sinne – zumal Augen und Ohren – schärfen, dass sie über die äußerlichen Wahrnehmungen der Welt hinaus zu inneren Wahrnehmungen gelangen und ihnen dabei klar wird, dass diese Wahrnehmungen für sie ein Geschenk sind. Biblisch und theologisch sprechen wir von Gnade.

Hier ist ein Weiteres anzufügen: Auch was dem Menschen zum Geschenk wird, kann dieser nur in menschlicher Sprache und Gestik zum Ausdruck bringen. Sprache und Gestik aber sind Instrumente, die in der Regel hinter dem zurückbleiben, was die wahre Wirklichkeit ist. In gewissem Sinne ist auch das, was wir an Religion wahrnehmen, Menschenwerk, auf menschliche Weise dargestellt. Das aber darf nicht so verstanden werden, als erschöpfe sich Religion im Menschenwerk. Es gehört zu den Entdeckungen unserer Tage, dass wir nicht nur im Christentum, sondern auch in anderen Religionen Spuren jener unendlichen Wirklichkeit finden, die sich uns Menschen mitteilt. Wir sprechen von Offenbarung, ja Selbstoffenbarung und Selbstmitteilung Gottes, die sich ihrerseits ihre Sprache schafft.

Das 2. Vatikanische Konzil stellt in *Nostra aetate* Nr. 2 ausdrücklich fest, dass die katholische Kirche nichts von alledem ablehnt, „was in den Religionen wahr und heilig ist". Es begründet das damit, dass sie „nicht selten einen Strahl jener Wahrheit erkennen lassen, die alle Menschen erleuchtet". Das wiederum wird für Christen zur Einladung, „jene geistlichen und sittlichen Güter und auch die soziokulturellen Werte, die sich bei ihnen finden, an(zu)erkennen, (zu) wahren und (zu) fördern".

Wenn dem so ist, ist es eine der vornehmsten Aufgaben der Kirche unserer Zeit, nach diesen Strahlen der Wahrheit, nach den spirituellen und sittlichen Gütern und Werten in den Religionen zu suchen. Es kann nicht die erste Aufgabe sein, tatsächliche oder vermeintliche Mängel offen zu legen und das dann möglichst aus der eigenen Perspektive heraus. So wie Christen wollen, dass ihnen Gerechtigkeit widerfährt, auch und gerade wo sich in der Christentumsgeschichte menschliches Versagen zeigt, muss dasselbe Recht auch für andere gelten. Mit dieser Einstellung fragen wir nun erneut nach dem Christentum und seinem Selbstverständnis und dann nach den Anderen, eher wir uns der Frage stellen, welche Konsequenzen sich heute aus der Anerkennung der Spuren des Wahren und Heiligen in anderen Religionen ergeben.

3. 1550 Jahre nach Chalkedon

„Chalkedon – Ende oder Anfang?" (Karl Rahner)

Als 1951 des 1500. Jahrestages des Konzils von Chalkedon gedacht wurde, schrieb Karl Rahner einen Jubiläumsbeitrag mit dem Titel *Chalkedon – Ende oder Anfang?*[28] Rahner plädierte schon deshalb für „Anfang", weil – wie er schrieb – die Erkenntnis Gottes „immer nur echt und beseligend sein (kann) in der Erkenntnis seiner Unbegreiflichkeit, also in jenem Moment, in dem das Ergreifen und die eingrenzende Bestimmung des Erkannten sich selbst überwinden in das Unbegreifliche und Unbegrenzte hinein". Rahner fuhr dann fort:

> „Alle Wahrheit des sich offenbarenden Gottes aber ist, weil gegeben als Weg und Antrieb auf die unmittelbare Gottesgemeinschaft hin, erst recht Öffnung in das Unübersehbare, ist Anfang des Grenzenlosen. Die klarste und deutlichste Formulierung, die geheiligtste Formel, die klassische Verdichtung der Jahrhunderte währenden Arbeit der betenden, denkenden und kämpfenden Kirche um die Mysterien Gottes lebt also gerade davon, dass sie Anfang und nicht Ende, Medium und nicht Ziel ist, *eine* Wahrheit ist, die frei macht für *die* – immer größere – Wahrheit."

Bei aller Relativierung von Formulierungen sind die Aussagen des Konzils von Chalkedon bis in unsere Tage hinein für die christlichen Kirchen und ihre Theologie normative Orientierungspunkte geblieben, an denen vorbei nicht überzeugend über Jesus Christus gesprochen werden kann. Schon deshalb lebt auch die Erklärung *Dominus Iesus* grundsätzlich von der Erinnerung an die Lehren dieses Konzils (vgl. Nrn. 6 und 10). Nun ist es die Überzeugung des Christentums, dass Gott in Jesus von Nazaret Mensch und ein Glied des in der Geschichte fortlebenden Menschengeschlechts geworden ist. Was sich aber im Miteinander von Gott und Mensch = Nicht-Gott, Ewigkeit und Zeit, Transzendenz und Immanenz auf paradoxe Weise in Jesus zusammenfindet, erfährt seine ursprüngliche Bezeugung in den neutestamentlichen heiligen Schriften der Kirche. Es ist dann immer wieder als das große staunenswerte, unvergleichliche Wunder und Geheimnis bedacht worden und hat in den paradoxen Formeln des Konzils von Chalkedon einen bislang unüberbotenen Ausdruck gefunden. Deshalb sind diese in der Folgegeschichte bis auf den heutigen Tag die maßgeblichen Formeln geblieben:

(1) „Derselbe ist wahrhaft Gott und wahrhaft Mensch."
(2) „ein und derselbe ist Christus … in zwei Naturen unvermischt, unveränderlich, ungetrennt und unteilbar."
(3) „zwei Naturen in *einer* Person und *einer* Hypostase."

(*Denzinger-Hünermann* 301 f.)

Aus dem Glaubensbekenntnis von Chalkedon:
In der Nachfolge der heiligen Väter also lehren wir alle übereinstimmend, unseren Herrn Jesus Christus als ein und denselben Sohn zu bekennen: derselbe ist vollkommen in der Gottheit und derselbe ist vollkommen in der Menschheit; derselbe ist wahrhaft Gott und wahrhaft Mensch aus vernunftbegabter Seele und Leib; derselbe ist der Gottheit nach dem Vater wesensgleich und der Menschheit nach uns wesensgleich, in allem uns gleich außer der Sünde (vgl. Hebr 4,15); derselbe wurde einerseits der Gottheit nach vor den Zeiten aus dem Vater gezeugt, andererseits der Menschheit nach in den letzten unsertwegen und unseres Heiles willen aus Maria, der Jungfrau (und) Gottesgebärerin, geboren;

ein und derselbe ist Christus, der einziggeborene Sohn

und Herr, der in zwei Naturen unvermischt, unveränderlich, ungetrennt und unteilbar erkannt wird, wobei nirgends wegen der Einung der Unterschied der Naturen aufgehoben ist, vielmehr die Eigentümlichkeit jeder der beiden Naturen gewahrt bleibt und sich in e i n e r Person und e i n e r Hypostase vereinigt; der einziggeborene Sohn, Gott, das Wort, der Herr Jesus Christus, ist nicht in zwei Personen geteilt oder getrennt, sondern ist ein und derselbe, wie es früher die Propheten über ihn und Jesus Christus selbst es uns gelehrt und das Bekenntnis der Väter es uns überliefert hat.

(*Denziger-Hünermann* 301 f.)

„Negative Christologie"

Da die erste Formel – „wahrhaft Gott, wahrhaft Mensch" – ebenso wie die dritte – „zwei Naturen in einer Person" – weithin als positive Formeln verstanden werden, ist viel zu lange übersehen worden, dass das entscheidende Urteil über beide Sätze negativer Art ist. In diesem Sinne spricht Gregor Maria Hoff zu Recht angesichts der bleibend-aporetischen Struktur der chalkedonensischen Christologie – ähnlich wie Walter Kasper – von einem „Paradigma Negativer Theologie"[29].

Mit den vier Attributen „unvermischt, unveränderlich, ungetrennt und unteilbar" sind gleichsam Grenzpflöcke zum Verständnis des Spannungsverhältnisses „wahrhaft Gott, wahrhaft Mensch" gesetzt. Wo *vermischt* wird, kommt es zur Aufhebung einer Natur, wird entweder das Menschsein oder das Gottsein verkürzt oder gar aufgehoben; die Sicht endet in einem „Monophysitismus". Ein solcher wurde in der Zeit des Konzils von Chalkedon vor allem hinsichtlich der vorrangigen Betonung der Gottheit vertreten, so dass Jesu wahres Menschsein Schaden nehmen und in gewissem Sinne untergehen musste. Inzwischen wird man umgekehrt eher von einer einseitigen Betonung der Menschheit Jesu sprechen müssen, die zum Verlust bzw. zur Einebnung seiner Gottheit führt.

Das Attribut *„unveränderlich"* kann an dieser Stelle übergangen werden. Eine Diskussion darüber würde in eine eingehendere Diskussion des Gottesverständnisses einmünden. Hier wäre dann die Frage nach der Leidensfähigkeit Gottes neu zu stellen und zu fragen: Wie „apathisch" ist Gott wirklich? Auch das Attribut *„unteilbar"* wird hier nicht eigens erörtert, weil es in gewissem Sinne in der Besprechung des vierten Attributs mit aufgenommen wird.

Ein Versuch, falscher Vermischung auszuweichen, ist aber dann der Gegenansatz bei einer partiellen *Trennung,* nicht nur Unterscheidung der beiden Naturen. Für einen solchen Versuch scheinen auf den ersten Blick Plausibilitätsgründe zu sprechen. Jesus von Nazaret ist in seinem Menschsein ein schon durch Geburt und Tod begrenztes Wesen, dem zudem die ganze Endlichkeit geschöpflicher Wesen zuzusprechen ist (vgl. *Dominus Iesus* Nrn. 6, 9). Diese Endlichkeit gilt für sein Erkenntnisvermögen genauso wie für seine konkrete Handlungsfähigkeit. Die hier zu führende Diskussion wird heute nicht zuletzt im Hinblick auf die Präexistenz Christi ausgetragen, in der es um die Spannung von ewigem Wort und dem in der Geschichte auftretenden Jesus von Nazaret geht, den wir als den Christus bekennen.[30] Die Spannung von Zeit und Ewigkeit tritt erneut auf, wo über das Verhältnis von Schöpfergeist und dem im Geiste Jesu offenbar werdenden Geist des Vaters und des Sohnes zu sprechen ist (vgl. ebd. Nr. 12). Hier wird heute gefragt: Gibt es nicht eine Wirksamkeit des Logos und des Geistes Gottes über die mit der Gestalt Jesu gegebene Wirksamkeit hinaus?

Trennung statt Unterscheidung?

Die Trennung von Logos und Jesus von Nazaret wird in der *Notificatio* zu Jacques Dupuis in der knappen Formulierung der Bekenntnisthese 2 angesprochen, die ihrerseits *Dominus Iesus* Nr. 10f. aufgreift:

> „Es ist auch fest zu glauben, dass Jesus von Nazaret, der Sohn Marias und der einzige Erlöser der Welt, der Sohn und das Wort des Vaters ist. Hinsichtlich der Einheit des göttlichen Heilsplans mit ihrem Zentrum in Jesus Christus ist auch zu halten, dass die heilbringende Aktion des Wortes in und durch Jesus Christus, den menschgewordenen Sohn des Vaters, als den Heilsmittler für die ganze Menschheit vollbracht wird. Es widerspricht daher dem katholischen Glauben, nicht nur das Wort und Jesus bzw. die Heilstätigkeit des Wortes und die Jesu zu trennen, sondern auch zu behaupten, dass es eine Heilstätigkeit des Wortes als solchem in seiner Gottheit, unabhängig von der Menschheit des menschgewordenen Wortes, gibt.

Die These sagt: Das *„ungetrennt"* der Formel von Chalkedon lässt es nicht zu, dass der göttliche Logos in seiner Wirksamkeit vom menschgewordenen Logos abgetrennt wird und es damit gleichsam einen „Jesus-freien" Raum gibt. Sinnvollerweise werden hier freilich Seins- und Erkenntnisordnung unterschieden. Dabei hat es die Erkenntnisordnung selbst einmal mit der jesuanischen Realität zu tun, sodann aber mit den Mitgliedern der Menschheitsgeschichte.

Nicht zu bestreiten ist, dass sowohl die Antworten auf die Frage nach dem Verhältnis Jesu zum göttlichen Logos wie sein Verhältnis zum göttlichen Geist in den Zeugnissen des irdischen Lebens Jesu zu suchen sind und die Rede vom innertrinitarischen Leben Gottes der biblischen Bezeugung der in Jesu Leben uns begegnenden trinitarischen Gottwirklichkeit folgt. Was aber der Prolog des Johannesevangeliums gebündelt über das Wechselverhältnis von Gott und Logos und nochmals Logos und Fleischwerdung in Jesus sagt, kann nicht beim Scheitern heutigen Denkens der Macht des Zweifels einfach geopfert werden. Negative Theologie bedeutet eben nicht eine nachträgliche eigenmächtige Verfügung des Menschen, sondern die grundsätzliche Offenheit für den *Deus semper maior,* den je größeren und darum auch menschliche Vorstellungen durchkreuzenden Gott. Dass dieser *Deus semper maior* zugleich der *Deus semper minor*, das heißt: der Gott ist, der seine Größe in unvorstellbarer Kleinheit, eben in der Menschwerdung, im Kindsein wie im Sterben so sehr beweist, dass er – der Unbegreifliche – im Leibe Jesu „begreifbar" wird und sich anfassen und berühren lässt, – das macht das unfassbare, unbegreifliche Geheimnis Gottes aus.

Nun zeigt sich im offiziellen Gebet der Kirche nicht selten, dass die betende Einsicht weiter fortgeschritten ist als die spekulative theologische Reflexion. So heißt es im deutschen Hymnus der Sonntagvorabend-Komplet bzw. in der Lesehore des Stundengebets zum Gedächtnis von Ordensleuten:

> Christus, göttlicher Herr,
> Dich liebt, wer nur Kraft hat zu lieben:
> unbewusst, wer dich nicht kennt,
> sehnsuchtsvoll, wer um dich weiß.

Der Unterschied zwischen „unbewusst" und „sehnsuchtsvoll", zwischen subjektivem Nicht-Wissen und subjektivem Wissen führt zu der anderen Frage, wieweit ein Nicht-Christ die im christlichen Glauben bekannte Gegebenheit *worthaft* zu seinem Heil anzuerkennen hat bzw. ob es nicht genügt, dass er in der nicht zu bestreitenden menschheitlichen bzw. die Menschheitsgeschichte prägenden Realität lebt und diese Realität bejaht. In diesem Sinne lässt sich auch vermitteln, dass jeder Mensch, gleichgültig, ob er um die Prägung der Menschheitsgeschichte durch das Leben Jesu weiß oder nicht, dennoch real in dieser von Jesus Christus geprägten Menschheitsgeschichte lebt. Schließlich ist die

Prägung der Geschichte in vielfacher Hinsicht universal. Dieses ist ein eigenes Thema, das es zu bedenken gilt. Dabei wäre dann die Geschichte menschlichen Vergehens genauso zu befragen wie die Geschichte der Segnungen, die sich über die Erde erstreckt.

Für das christliche Selbstverständnis ergibt sich daraus:

(1) Die kirchliche Botschaft von der Einzigkeit, nicht nur der Einzigartigkeit Jesu (*K.-H. Menke* [1995]) beruht wesentlich auf dem Glauben an Jesus, „wahrhaft Gott und wahrhaft Mensch". Dieser Glaube aber bezieht sich nicht auf eine spätere, austauschbare Deutung, sondern auf die *Realität* Jesu.

(2) Unbestritten ist, dass Sprachformeln ihren historisch-kulturellen Ort haben und dass Begriffe wie Hypostase und Natur ihren originären Entstehungs- und Herkunftskontext in der griechischen Philosophie und ihrer Umwelt haben und auch „Person" kein biblischer Begriff ist. Die Übertragung solcher Begriffe in andere Sprach- und Denkkontexte stellt ein eigenes Problem dar. Wichtig ist aber, dass solche Übersetzungen – bei allen Begrenzungen – schon aufgrund der gemeinsamen menschlichen Natur grundsätzlich möglich sind.[31]

(3) All das gilt, obwohl die chalkedonensischen Formeln letztendlich bei aller Anerkennung der beiden Naturen nicht positiv erklären können, wie sich die Vermittlung von Gottheit und Menschheit in der historischen Person des Jesus von Nazaret vollzieht. Die Formeln können nur *negativ* bestimmen, welche Verwirklichungs- bzw. Erklärungsweisen auszuschließen sind. In diesem Sinne sind die „Vermischung", „Veränderung", „Trennung" oder „Teilbarkeit" der beiden Naturen keine Wege der Vermittlung. Die argumentative Auseinandersetzung ist anders zu führen, wo ein paralleler Anspruch erhoben wird – ein solcher zeigt sich meiner Ansicht nach in der Begegnung der Religionen bislang jedoch nicht – und wo die Anwendung einer der negativen Ausschlussvokabeln zur Bestreitung bzw. Relativie-

rung der christlichen Lehre führt. Christen kommen auf die Dauer nicht umhin, ihr eigenes Glaubensverständnis im Hinblick auf die Gestalt Jesu Christi nachdrücklich zu überprüfen.

(4) Unter den genannten Voraussetzungen ist genauer zu prüfen, ob die Verwendung der Bekenntnisformeln in der *Notificatio* zu J. Dupuis nicht eine praktische Umsetzung der negativen Theologie darstellt, die einer positiven Argumentation aus der Sache heraus Grenzen zieht. Entsprechend schreibt der Theologe Hans Kessler[32]:

> „Gerade mit (seiner) weisen Zurückhaltung läßt das Dogma von Chalkedon für die Bezeugung dessen, der als wahrer Gott und wahrer Mensch bekannt wird, einen weiten Raum. Es steckt den regulativen Rahmen ab und gibt Kriterien an die Hand, die bei jeder christologischen Theorie und Rede beachtet sein wollen, sollen nicht wesentliche Züge des neutestamentlichen Christuszeugnisses verzeichnet werden.
>
> Das Dogma umreißt diesen Rahmen, aber es füllt ihn nicht mit Leben. Dies ist nicht Aufgabe einer dogmatischen Formel, es muß vielmehr – in anderen Sprachformen (narrativ, doxologisch usw.) – von der Schrift und von der gemeinsamen gläubigen Erfahrung mit Jesus Christus her geschehen. Der Formel selbst fehlt daher die Dynamik der Schrift und der Vätertheologie."

Kessler fasst die Konzilsaussage so zusammen:

> „Gottes ewiger Sohn hat sich aus unbegreiflicher Barmherzigkeit dazu herabgelassen, die Niedrigkeit und Bosheit dieser Welt als wehrloser Mensch zu erleiden, um uns Gemeinschaft mit sich und Heil zu schenken. Das Heil wird vermittelt durch die Menschwerdung Gottes."

Die Formulierung „herabgelassen" ist eigens zu unterstreichen, zumal schon Leo I. in seinem Brief an Bischof Flavian von Konstantinopel aus dem Jahr 449 sachlich beim Philipperbrief 2,5–11 anknüpfte, wenn er schrieb:

> „Er (d. h. Jesus Christus) nahm Knechtsgestalt an ohne den Schmutz der Sünde und erhöhte das Menschliche, ohne das

> Göttliche zu mindern, weil jene Entäußerung, in der sich das Unsichtbare sichtbar darbot …, eine Herablassung des Erbarmens, nicht ein Fehlen von Macht war." (DH 293)

„Knechtsgestalt" und „Entäußerung" sind Begriffe des Philipperbriefes und radikalisieren das Verständnis von Inkarnation. Die „Selbstentäußerung" bezieht sich auf den griechischen Satz *„ekenōsen heauton"*, „er machte sich selbst leer". Vom griechischen Begriff der „Leerung" bzw. Kenose her wird von kenotischer Christologie und, weil es sich letztlich um Gottes eigene Kenose handelt, auch von kenotischer Theologie gesprochen. Das heißt: Der allmächtige Gott wählt in Jesus Christus für sich die Ohnmacht. Er, der die Fülle der Gottheit besitzt, macht sich selbst leer. Gott selbst tritt damit auf die Seite der Armen und Verlassensten, und wird zum *leidenden Gott*[33]. Dieser Ansatz hat nicht zuletzt im Hinblick auf das christlich-buddhistische Gespräch heute hohe Bedeutung.[34]

Die universale Heilsmittlerschaft Jesu Christi

Nicht im Sinne der Konkurrenz mit anderen Religionen, sondern aus der Verkündigung der Menschwerdung Gottes heraus folgt die Ansage der universalen Heilsmittlerschaft Jesu Christi. Der Streit um diese Ansage setzt da ein, wo andere Religionen konkurrierend ähnlich mit universalen Ansprüchen in Erscheinung treten und dies mit dem Anspruch von Exklusivität tun. Was die Formel von Chalkedon heute schwächt, ist das, was zu ihrer Zeit eine Stärke war: ihre philosophische Terminologie und ihre mangelnde Rückbindung an die Heilige Schrift. Letzteres wiederum ist nicht nur ein Sprachproblem, sondern berührt auch den inhaltlichen Ansatz, der in den voraufgegangenen Konzilien durchaus eine Rolle spielte, nämlich das Verhältnis von Jesus und Gott, seinem Vater, das vom Neuen Testament her

immer stärker Jesus als den „einziggeborenen Sohn" (Joh 1,14.18; 3,16.18) erkennen ließ. Was diese einzige Sohnschaft bedeutet, sei in den Worten zweier zeitgenössischer Theologen wiedergegeben, zumal sich in diesen beiden Texten auf eigene Weise die kenotische Seite der Inkarnation in Erinnerung bringt:

Joseph Ratzinger[35]:

> „‚Sohn' bedeutet für Johannes das Sein-vom-andern-her; mit diesem Wort definiert er also das Sein dieses Menschen als ein Sein vom andern her und auf die andern hin, als ein Sein, das ganz und gar nach beiden Seiten geöffnet ist, keinen Vorbehaltsraum des bloßen Ich kennt. Wenn so deutlich wird, dass das Sein Jesu als des Christus ein gänzlich offenes Sein ist, ein Sein ‚von-her' und ‚auf-zu', das nirgendwo an sich selbst festhält und nirgendwo nur auf sich selbst steht, dann ist zugleich deutlich, dass dieses Sein reine Beziehung ist (nicht Substantialität) und als reine Beziehung reine Einheit. Was damit grundlegend von Christus gesagt wird, wird ... zugleich zur Auslegung der christlichen Existenz ..."

Walter Kasper[36]:

> „So ist Jesus in seinem radikalen Gehorsam radikale Herkünftigkeit von Gott und radikales Übereignetsein an Gott. Er ist nichts aus sich, aber alles aus Gott und für Gott. So ist er ganz Hohl- und Leerform für Gottes sich selbst mitteilende Liebe. Dabei setzt die Hinwendung Jesu zum Vater selbstverständlich die Zuwendung und Mitteilung des Vaters an Jesus voraus. Die spätere Sohnes-Christologie ist nichts anderes als die Auslegung und Übersetzung dessen, was im Sohnesgehorsam und in der Sohneshingabe Jesu verborgen ist. Was Jesus vor Ostern ontisch lebte, wurde nach Ostern ontologisch[37] ausgedrückt."

Wo Christen heute Jesus den Christus als den universalen Heilsmittler verkünden, müssen sie wissen, dass diese Verkündigung aus der biblischen Bezeugung der Jünger, ihrem Glauben an Jesus, den „Sohn" Gottes, der sich im Glauben an unseren Erlöser fortsetzt, resultiert. Um das Verständnis dieser anfänglichen Bezeugung ist in der Frühzeit der Kirche in zwei Fragestellungen gerungen worden:

(1) Wie kann von Jesus dem „Sohn" als „Gott" geredet werden, ohne dass der Glaube an den einen und einzigen Gott, den Christen mit den Juden teilen, Schaden nimmt? Darauf antwortete die Kirche mit den frühen Glaubensbekenntnissen, dem Apostolischen und dem von Nikaia und Konstantinopel.

(2) Wie können Menschsein und Gottsein in einer Person vereint sein, ohne dass die Einheit der Person, anders gesagt: das eine Subjekt, das beiden „Naturen" zugrunde liegt, zerstört wird und doch beide „Naturen" – Menschsein und Gottsein – in ihrem Wesen im Spannungsfeld der einen Person Bestand haben? Hierzu steckt – wie gesagt – das Konzil von Chalkedon mit seiner Formel von Jesus Christus, „wahrhaft Gott, wahrhaft Mensch" einen Rahmen ab. Diese Formel bedeutete in der Frühentwicklung der Kirche, wie auch Karl Rahner es sieht, einen unüberholbaren Abschluss. Wo Christen in der Folgezeit auf Widersprüche zu dieser Lehre stießen, gab es zunächst keinen anderen Auftrag als den der Verteidigung.

Nach 1550 Jahren

Inzwischen zeigt sich im Zeitalter des Pluralismus, dass Chalkedon in der Tat nicht nur ein Ende ist, sondern zugleich einen neuen Anfang markiert. Dieser hat es nicht zuletzt damit zu tun, dass die Diskussion um Jesus Christus nicht mehr einhellig beim christlichen Glaubensstandpunkt einsetzt, sondern immer öfter von der Tatsache bestimmt ist, dass heute die verschiedensten Gruppen in der Welt – Religionen wie nicht-religiöse Gemeinschaften – sich mit einem universal gültigen Heilsangebot vorstellen. Das Christentum steht mit seinem Anspruch nicht mehr allein da, sondern auch anderweitig wird dem Menschen und oft genug grundsätzlich allen Menschen Heil, Befreiung und Erlösung versprochen.

Das wiederum ist zugleich Teil des begonnenen interreligiösen Dialogs. Ein solcher Dialog verlangt in unserer Zeit die Gleichberechtigung der Gesprächspartner. Das hat zur Folge, dass nicht eine Seite zwingend mit ihrer Sichtweise den Ton angeben und so den Gang des Dialogs bestimmen kann. Wichtig ist aber vor allem, dass immer weniger *übereinander* als *miteinander* gesprochen wird. Freilich bedeutet die Anerkennung der Gleichberechtigung der Gesprächspartner keineswegs, dass die vertretenen Standpunkte einfach austauschbar werden. Grundsätzlich werden heute in der Regel drei Standpunkte gegeneinander abgegrenzt:

(1) *Exklusivität:* Im Hinblick auf das Heil der Menschen werden alle anderen Wege außer dem eigenen als nicht heilbringend abgelehnt. In der christlichen Theologie findet diese Sicht der Dinge Ausdruck in dem bekannten Satz „*Extra Ecclesiam nulla salus*“ („Außerhalb der Kirche kein Heil“; dazu KF 428f.). Die Internationale Theologenkommission hat in einer Studie *Das Christentum und die Religionen* vom 30. September 1996[38] den umstrittenen Satz zurückgeführt in den anderen: „*Extra Christum nulla salus*“ („Außerhalb von Christus kein Heil“; vgl. Nr. 70). Freilich bleibt in diesem Dokument dann die Frage der Heilsrelevanz der Religionen eher offen (vgl. Nr. 81–87).

(2) *Inklusiv*: Die Exklusivität der Heilsvermittlung, gebunden an Kirchenzugehörigkeit und Christusbindung, wird da, wo es existentiell nicht zu dem entsprechenden Bekenntnis kommt, in ein inklusives Verhältnis aufgehoben. Das heißt: Menschen können den Weg zu dem in Christus geschenkten Heil einschlussweise finden, wo sie sich in innerer Offenheit – auch unwissend und unbewusst – auf das Ganze der Wirklichkeit einstellen und diese bejahen. Das kann im Gehorsam auf die Stimme des Gewissens geschehen, aber auch, wo dieses sich im Rahmen einer Religionszugehörigkeit formiert, in einer Religionsgemeinschaft. Die heute bekannteste Weise der Inklusivität christlicherseits ist die von Karl Rahner wiederholt vorgetragene

Konzeption des *„anonymen Christseins“* (vgl. KF 430ff.). Hier ist zu beachten, dass dieser Sicht der Dinge schon deshalb keine neue Form von Anmaßung nachgesagt werden kann, weil es längst auch von anderen Positionen aus analoge Sichtweisen gibt. So ist die Rede von „anonymen Buddhisten“, selbst „anonymen Atheisten“.[39]

(3) *Pluralistisch*: Die pluralistische Position möchte nun die Konzentration auf eine Religion wie das Christentum vermeiden, indem sie polyzentrisch denkt und auch anderen Religionen zugesteht, dass sie auf ihre Weise Heilsziel und Heilsvermittlung bestimmen. Auch diese Ansicht wird – das darf nicht übersehen werden – als Ansicht christlicher Theologie vorgetragen. Im Ergebnis wechselt das, was im Zentrum steht und von dem her gedacht wird. In der Fachsprache gesagt, entfernt sich der Gedankengang von der *Ekklesiozentrik*, in der die Kirche (griech. *ekklesia*) im Mittelpunkt der Vermittlung steht, zur *Christozentrik*, in der das Heilswirken im Blick auf Jesus Christus bestimmt wird, zur *Theozentrik*, in der Gott christlich oder außerchristlich zugleich Schöpfer und Erlöser ist, bis zur *Soteriozentrik*, der Konzentration auf das Heil (griech. *soteria*) allein; Letztere kommt da zum Tragen, wo – wie im Buddhismus und in chinesischen Religionen – Gott als Bezugspunkt ausfällt. Es ist leicht zu erkennen, dass diese Sicht der Dinge nicht ohne Verzicht auf grundlegende Inhalte des christlichen Glaubens vertreten und dass Christus dann nur noch als eine relative, das heißt für Christusgläubige verbindliche Norm angesehen werden kann. Das wiederum hat auch damit zu tun, dass in dieser Konzeption philosophisch die Wahrheit an sich genauso unzugänglich bleibt wie die letzte tragende Wirklichkeit, die wir Gott nennen (vgl. KF 432ff.).

Insofern auch gläubige Christen Kinder ihrer Zeit sind, fragen sich immer mehr Menschen auch in der Kirche, warum sich die universale Heilsvermittlung auf Jesus Christus beschränken soll. Diese Frage verstärkt sich in dem

Maße, als sich auch immer weniger Christen Rechenschaft über die zentrale Lehre von der Gottessohnschaft Jesu geben, ja ihrerseits nicht mehr von einer umfassenden Wahrheitsfähigkeit des Menschen überzeugt sind. Dabei wird der Relativismus immer augenscheinlicher. Auf den ersten Blick ist es ein Relativismus der Sprache. Zu prüfen ist: Wird er nicht tatsächlich aber für einen Relativismus der Wirklichkeit gehalten?[40]

Ein Weg der Klärung kann es immer noch sein, dass der christliche Glaube weniger in theoretischer Reflexion erörtert als aus der praktischen Rückbindung an den lebendigen Herrn bedacht und aus dieser die fürsorgende Hinordnung des Auferstandenen auf die ganze Menschheit abgeleitet wird. Das wiederum müsste geschehen, ohne dass von vornherein alle möglichen Gegen- bzw. Alternativpositionen in Betracht gezogen und die eigene – christliche – Position in Frage gestellt wird.[41] Christen, die schneller bereit sind, sich der traditionellen Lehrauslegung zu verweigern als sie zu verstehen, müssen sich an 1 Petr 3,15 erinnern und fragen lassen, ob sie ihre Hoffnung wirklich noch aus der Menschwerdung Gottes und aus Tod und Auferstehung Jesu Christi begründen. Zweifellos haben sich inzwischen auch nicht wenige Christen jenseits von Chalkedon angesiedelt.[42] Vielfach sind es solche, bei denen die Einheit von Theologie und Spiritualität unter der Hand zerbrochen ist und für die das Wort „*Lex orandi lex credendi*" („Das Gesetz des Betens ist das Gesetz des Glaubens") faktisch seine Geltung verloren hat. Theologie aber ist Reflexion auf den gelebten Glauben; sie ist tot, wo ihr kein gelebter Glaube zugrunde liegt.

„Lex orandi – lex credendi“

Was die wahre Einstellung der Kirche zum Heil der Menschen angeht, so sei diese hier an einigen Texten erläutert, die jedem Besucher der katholischen Eucharistiefeier geläufig sind. Es geht um die Fürbitten für die Toten in den eucharistischen Hochgebeten.

Hochgebet I:

> „Gedenke auch deiner Diener und Dienerinnen, die uns vorausgegangen sind, bezeichnet mit dem Siegel des Glaubens und die nun ruhen in Frieden … Führe sie und alle, die in Christus entschlafen sind, in das Land der Verheißung, des Lichtes und des Friedens.“

Hochgebet II:

> „Gedenke unserer Brüder und Schwestern, die entschlafen sind in der Hoffnung, dass sie auferstehen. Nimm sie und alle, die in deiner Gnade aus dieser Welt geschieden sind, in dein Reich auf, wo sie dich schauen von Angesicht zu Angesicht.“ (Ähnlich *Hochgebet III*)

Hochgebet IV:

> „Wir empfehlen dir auch jene, die im Frieden Christi heimgegangen sind, und alle Verstorbenen, um deren Glauben niemand weiß als du.“ (Ähnlich die anderen neueren Hochgebete)

Anders als die mit einer strengen Prädestinationslehre gegebenen Grenzziehungen sind gerade die Fürbitten für die Verstorbenen in katholischen Gottesdiensten von einer den Toten und zwar jeden Toten loslassenden Haltung beseelt, die das abschließende Urteil Gott überlässt. Dabei zeigt sich ein Gefälle von denen, „die in Christus entschlafen sind“, über die, die in Gottes Gnade aus dieser Welt geschieden sind, zu denen, „um deren Glauben niemand weiß als du“.

Die Texte lenken den Blick auf das wahre christliche Selbstverständnis hinsichtlich der Verstorbenen und zeigen mehreres: Der Raum, in dem Menschen „in Christus entschlafen“, übersteigt ganz offensichtlich den Raum, in dem Menschen vom „Siegel des Glaubens“, also von Taufe und Firmung, geprägt sind, also den Raum der verfassten Kirche. In der Sprache späterer Hochgebete öffnet sich dieser Raum kraft der Gnade Gottes, aber dann auch eines Glaubens, den nur Gott selbst kennt, über das wie immer bewusst gewordene „*in Christus*“ hinaus. Hier stellt sich dann die Frage: Ist eine solche Gebetshaltung wirklich Ausdruck eines Überlegenheit ausdrückenden Macht- und Herrschaftswillens? Ist sie Ausdruck von Arroganz und Anmaßung, von Herabsetzung anderer Religionen? Selbst wenn man diese Fragen verneinend beantworten möchte, lässt sich freilich nicht leugnen, dass die neuzeitliche Missionsgeschichte parallel zur europäischen Kolonialgeschichte zu lesen ist und Kolonialisierung immer auch Unterdrückung besagt hat.

Wichtiger als die Aufarbeitung der Geschichte ist aber die hier von der offiziellen Liturgie vorgegebene praktische Haltung der Christen. Sie ist wesentlich als Haltung des Lassens und Loslassens zu beschreiben. Christlich besagt das: Das eigene Schicksal wie das jedes Anderen – sei er gläubiger Christ oder nicht – wird in die Hände Gottes gegeben. Ihm wird auch das Urteil über Leben und Tod der Menschen anvertraut. Nicht zu übersehen ist, dass diese Haltung des Vertrauens heute mehr als früher auf Gottes Barmherzigkeit und Güte als auf seine absolute Gerechtigkeit – bzw. was immer Menschen dafür halten – setzt.

Unterscheidungen

Wo wir uns erneut auf unser christliches Selbstverständnis besinnen, sind folgende Punkte zu beachten:

(1) Es ist zu unterscheiden zwischen der Glaubensüberzeugung, dass das Christentum im Leben Jesu Christi einen universalen, d. h. einen für alle Menschen gangbaren Weg zum Heil erblickt, und der Ansicht, dass diese Überzeugung

nur für Christen, nicht aber für andere gilt. Selbst wenn die Kirche lange Zeit in zugespitzt lehrmäßiger Form das *„Extra Ecclesiam nulla salus"* (*„Außerhalb der Kirche kein Heil"*) vertreten hat, so ist diese Formel heute einmal auf ihre ursprüngliche Bedeutung zu reduzieren. Sodann tritt an ihre Stelle immer mehr der Satz: *„Extra Christum nulla salus"* (*„Außerhalb von Christus kein Heil"*), der freilich seinerseits nicht nochmals rigoristisch ausgelegt werden darf.

(2) Die *Notificatio* zu J. Dupuis trifft in Nr. 8 folgende Feststellung:

> „In Übereinstimmung mit der katholischen Lehre ist zu halten, dass, ‚was immer der Geist in den menschlichen Herzen und in der Geschichte der Völker, in Kulturen und Religionen hervorbringt, dieses als Vorbereitung auf das Evangelium dient' (*Lumen gentium* Nr. 16). Es ist deshalb legitim zu behaupten, dass der Heilige Geist Heil in den Nichtchristen auch durch die Elemente der Wahrheit und Güte bewirkt, die in den verschiedenen Religionen präsent sind; jedoch zu vertreten, dass diese Religionen als solche Heilswege sind, hat keine Grundlage in der katholischen Theologie, zumal sie auch Auslassungen, Unzureichendes und Irrtümer hinsichtlich der fundamentalen Wahrheiten über Gott, Mensch und Welt enthalten." (Vgl. auch *Dominus Iesus* Nrn. 12.4; 14.)

Der 2. Satz der Nr. 8 ist insofern bemerkenswert, als über frühere lehramtliche Aussagen hinaus nicht nur von der persönlichen Heilserlangung außerhalb der Kirche die Rede ist (etwa im Sinne der Rahnerschen Konzeption der „anonymen Christen"), sondern das Heil von Nichtchristen (im Sinne der anderen Rahnerschen Konzeption der „legitimen Religionen" = Religionen sind im existentiellen Bereich solange „legitim", als ein Mensch der Botschaft Jesu existentiell noch nicht begegnet ist[43]) ausdrücklich mit „Elementen der Wahrheit und Güte, die in den verschiedenen Religionen präsent sind“, verbunden wird. Anders gesagt: Es heißt nicht nur, dass „Gott Menschen, die das Evangelium ohne ihre Schuld nicht kennen, auf Wegen, die er weiß, zum Glauben führen kann“ (*Ad gentes* Nr. 9; vgl. *Lumen gentium* Nr. 16), sondern: Die „Elemente der Wahrheit und Güte“ in anderen Religionen sind kraft des Wirkens des Heiligen Geistes heilswirksam. Diese Aussage verdient auch über die andere hinaus Beachtung, die die Religionen dann erneut in den Vorbereitungsprozess auf das „Evangelium“ einfügt. Über den Begriff der Heilswege und der Heilsgeschichte wird später nochmals zu sprechen sein.

(3) Zu unterscheiden ist zwischen der christlichen Selbsteinschätzung des Heilswirkens Christi, das – unabhängig von allen Fremdeinschätzungen – *real* überall da wirksam ist, wo Menschen *real* das Heil erlangen, und der Fremdeinschätzung, die das außerhalb des Christentums erlangte Heil von der Heilstat Christi abtrennt und diese bestenfalls für eine mögliche, jedoch keineswegs für alle verbindliche *Deutung* des Wirkens Jesu ansieht – eine Deutung somit, die man annehmen oder zurückweisen kann, deren Annahme aber für die Existenz des Menschen letztendlich irrelevant bleibt.

(4) Wo die Jesusgestalt auf ihre geschichtliche Begrenztheit reduziert verstanden wird und das „*ist*“ („wahrhaft Gott, wahrhaft Mensch“) nicht mehr *real* gilt, sondern lediglich einen Deutehorizont markiert, wird das Christentum eingeebnet; es verliert sein *Proprium*. Christliche Theologie tut folglich gut daran, sich dieses ihres *Proprium* immer neu zu vergewissern. Diese Vergewisserung setzt da ein, wo es um das Verständnis der Wirklichkeit geht. Es reicht nicht aus, von unterschiedlichen Perspektiven oder Standpunkten zu sprechen, wenn nicht klar ist, dass die Wirklichkeit – wir können auch sagen: die Wahrheit – nicht primär ein Problem der Sprache, sondern der Wirklichkeit ist und wir uns nicht mit der Erkenntnis begnügen können, dass kein Mensch in seiner Sprache die volle Wahrheit auszudrücken imstande

ist. Gerade um den Zugang zur Wahrheit müssen sich Menschen verständigen, unter Umständen miteinander ringen.

Wer somit aus dem Christentum heraus auf andere zugeht, muss sich (a) zum lebendigen GOTT bekennen, kann (b) sich erst in seinem Glauben an Gott zu JESUS CHRISTUS, „wahrhaft Mensch, wahrhaft Gott", bekennen und dies (c) in der Kraft des GEISTES von Vater und Sohn tun. J. Dupuis hat sich mit gutem Grund zumal im Teil II seines Buches *Toward a Christian Theology of Religious Pluralism* für eine „trinitarische Christologie" eingesetzt. In der liebenden Zuwendung Gottes, der in Jesus von Nazaret ein Gesicht bekommen hat – „Wer mich gesehen hat, hat den Vater gesehen" (Joh 14,9) – und uns in seinem Geist der Wahrheit in die volle Wahrheit einführen wird (vgl. Joh 16,13), gehen Christen auf andere zu. Nur wo Gottesglaube, Christusbekenntnis und Leben aus der Kraft des Geistes zusammenkommen, kann das *Proprium,* die Eigentümlichkeit des Christlichen, Gestalt gewinnen. Die Begegnung mit Anderen setzt in der Tiefe da ein, wo sich die Frage nach Gott stellt und deutlich wird, woraus und woraufhin Menschen leben. Da es aber nicht zunächst um Sprachliches, sondern um die Wirklichkeit geht, wie sie ist, stellt sich zugleich die Wahrheitsfrage, genauer: zunächst die Frage nach der Wahrheitsfähigkeit des Menschen und dann die Frage nach dem, was Menschen in ihrem Leben verbindet. Hier sagen Christen gerne: Suche nach Heil und Vollendung. Was sagen die Anderen?

4. Weltgeschichte

Geschichten in der Geschichte

Wenn wir das große Feld, in dem Menschen sich begegnen, in einem Wort ansprechen wollen, müssen wir von der Geschichte sprechen. Wenn wir das tun, kann es durchaus sein, dass wir das zunächst als abendländische Menschen tun. Denn zweifellos ist im abendländischen Denken heute die Menschheits- und Weltgeschichte der zentrale Ort, an dem sich Einheit und Gemeinsamkeit einerseits und Vielheit und Unterschiedenheit andererseits kreuzen. Unbestritten ist die neuzeitliche Hinwendung zur Geschichte eines der wichtigsten Momente, die sowohl zur Bereicherung als auch zur Beschränkung menschlicher Selbsterkenntnis beigetragen haben. Der Umgang mit der Geschichte legt eine Fülle von Facetten und Einzelerkenntnissen auf den unterschiedlichsten Ebenen der Welt und der menschlichen Gesellschaft frei und macht zugleich den eigenen Standpunkt klein, nicht selten unbedeutend. Und doch fühlt sich der Mensch selbst da, wo er sich aufmacht, das Weltall zu erobern, immer mehr in die große Schicksalsgemeinschaft unserer Mutter Erde verflochten.

Was heute unter dem Stichwort der Globalisierung diskutiert wird, kündet von einer bei aller Verschiedenheit in Denken und Sprechen, Kultur und Gesellschaft, Politik und Religion unaufkündbaren Einheit. Diese Einheit in Vielheit aus dem Blickwinkel der Religionen in den Blick zu nehmen, ist Aufgabe dieses Kapitels. Im Vordergrund steht hier nicht das Christentum, sondern die Vielheit der Menschengesichter dieser Welt. Edward Schillebeeckx hat seinen großen Jesusbüchern ein Buch mit dem Titel *Menschen. Die Geschichte von Gott* (Freiburg 1990) folgen lassen. Dort zitiert er im Vorwort einen kleinen Jungen mit den Worten:

„Menschen sind die Worte,
mit denen Gott seine Geschichte erzählt.“

Wir fragen uns – im Blick auf religiöse Optionen –, wie Menschen ihre Geschichte sehen und bestehen. Ohne zu behaupten, dass sich keine anderen Gesichtspunkte vertreten lassen, konzentrieren wir uns auf fünf Aspekte und betrachten die Geschichte als Leidens- und Suchgeschichte, als Verheißungs- und Heilsgeschichte, als Gottesgeschichte. Dass sich all diese Aspekte mit der Religionsgeschichte verbinden, leuchtet jedem ein, dem Religion und Religionen ein Thema sind. Zu bedenken ist auch, dass das, was als individuelle Geschichte erscheint, immer schon eine gesellschaftlich vernetzte Geschichte ist, so dass die persönliche Geschichte des Einzelnen niemals als eine von der umfassenderen Weltgeschichte isolierte Geschichte angesehen werden kann.

Leidensgeschichten

Für viele Menschen ist die Weltgeschichte heute vor allem durch Leiden und Leidensgeschichten geprägt. Das gilt über den Raum des Christentums hinaus, dem das Wort Leidensgeschichte schon im Blick auf die Passion Jesu geläufig ist. Die Geschichte als ganze ist zwiespältig. Der Übergang jeder Gegenwart in die Vergangenheit kann zwar Leiden überwinden, manchmal gar heilen helfen, lässt aber auch Glück und Freude oft genug hinter sich. Mein Heute ist selten so, dass ich es mir nicht besser vorstellen könnte. Unser Leben vollzieht sich zwischen Idealen und Realitäten, oft genug harten Wirklichkeiten. Es gibt keine Religion, in der diese Einsicht nicht grundlegend ist. Das gilt, auch wenn die Erklärung dieser Wahrnehmung dann unterschiedlich ausfällt.

Die ganze Ambivalenz der welthaften Wirklichkeit hat der Buddha in seiner ersten Edlen Wahrheit in den Satz gefasst: „Alles ist Leiden." Für ihn gehört das Leiden wesenhaft zur Existenz alles Lebendigen, es ist in gewissem Sinne mit ihr identisch. Leiden wird hier zu einem Wort für die Vergänglichkeit, Endlichkeit und Kontingenz alles weltlichen Seins. Leiden ist dabei zunächst eine Last, die Menschen tragen, ohne wirklich dafür verantwortlich zu sein. Das wiederum heißt nicht, dass die Menschen nicht alles tun, um von dieser Last befreit zu werden. Die Unfreiheit, die das Leiden der Welt ausmacht, findet ihren deutlichsten Ausdruck, wo Menschen selbst im Tod nicht befreit werden, sondern wo der Tod lediglich ein Tor in eine neue irdische Lebensexistenz eröffnet und die Lebewesen in einen neuen Abschnitt im Kreislauf der Dinge entlässt. Dass der Rang der neuen Existenz gleichsam Frucht der voraufgegangenen Existenz ist, in der Verdienste wie Versagen gegeneinander abgewogen werden, beweist, dass in der Entwicklung des asiatischen Leidensverständnisses auch das moralische Bewusstsein erwacht ist. Das lässt sich in den verschiedenen asiatischen Religionssystemen Indiens und Chinas, aber auch in Europa gut aufzeigen. Die Reinkarnationslehre ist inzwischen keineswegs mehr auf Asien beschränkt, sondern findet auch in der westlichen Welt, freilich aus unterschiedlichen Begründungen, eine nennenswerte Anhängerschaft.[44]

Die vier Edlen Wahrheiten aus der Predigt des Buddha: Mahāvāgga I 6, 19–22:
Folgendes nun, ihr Mönche, ist die edle Wahrheit vom Leiden: Geburt ist Leiden, Alter ist Leiden, Krankheit ist Leiden, Sterben ist Leiden, Vereinigung mit Unliebem ist Leiden, Trennung von Liebem ist Leiden, wenn einer etwas wünscht und es nicht erhält, das ist auch Leiden, die fünf Gruppen des Ergreifens schließlich, die von dem Durst nach dem Dasein verursacht sind, sind gleichfalls Leiden.

Folgendes nun, ihr Mönche, ist die edle Wahrheit vom Ursprung des Leidens; Der Durst, der zur Wiedergeburt führt, der mit Gefallen und Begierde verbunden ist und sich an diesem und jenem erfreut, ist der Ursprung des Leidens. Es ist der Durst nach Vergnügen, der Durst nach dem Dasein, der Durst nach Macht.

Folgendes nun, ihr Mönche, ist die edle Wahrheit vom Aufhören des Leidens. Es ist die völlige Vernichtung und das Aufhören des Durstes, das Aufgeben des Durstes, das Verzichten auf den Durst, die Befreiung vom Durst, das Freisein vom Durst.

Und folgendes ist die edle Wahrheit von dem Weg, der zur Aufhebung des Leidens führt: Es ist eben der edle, achtfache Weg, nämlich rechte Ansicht, rechtes Denken, rechte Rede, rechtes Handeln, rechtes Leben, rechtes Streben, rechte Wachsamkeit, rechte Sammlung.

(Übersetzung nach *J. Mehlig*[45])

Die jüdisch-christliche Welt gibt dem Leiden bzw. dem Bösen und dem Übel einen anderen Stellenwert. Während nach der Schöpfungsgeschichte Gottes Werk grundsätzlich gut ist, ergibt sich das Übel in der Welt aus der moralischen Fehlentscheidung der ersten Menschen, die freilich von dem übermenschlichen Wesen der Schlange motiviert erscheint. Diese Sicht war jahrhundertelang auch Ausgangspunkt eines heilsgeschichtlichen Denkens, in dem Gott zur Erlösung des Menschen aus Sünde und Tod, Übel und Leid in Jesus von Nazaret Mensch wird. In seinem Tod am Kreuz taucht dieser in die Tiefen menschlicher Verworfenheit und umfassenden Leidens ein. Sein Leiden und Tod wird als unsere Erlösung verkündet.

Spätestens seit der europäischen Neuzeit ist die christliche Botschaft jedoch in hohem Maße blockiert. Die von Menschen und dann nochmals Menschen der westlichen Welt, vielmals von getauften Christen ausgelösten Katastrophen des 20. Jahrhunderts, die mit den Ortsnamen Hiroshima – Atombombe –, Auschwitz – jüdischer Holocaust bzw. Schoa – und Tschernobyl – Reaktorkatastrophe – versehen sind, sind „nach Christi Geburt“ nur schwer zu rechtfertigen und noch schwerer aufzuarbeiten.

Nun gehört es zum verbreiteten menschlichen Verhalten, die Verantwortung nicht zunächst auf sich selbst zu nehmen, sondern sie einem anderen oder am Ende dem Ganz-Anderen – Gott – zuzuspielen, auf jeden Fall nach „Ent-Schuldigungen“ zu suchen. Entsprechend war die Neuzeit von wechselseitiger Schuldzuweisung geprägt. In der Fachsprache gesagt: Es kam zunächst zur Konkurrenz von Theodizee und Anthropodizee. Die Theodizee, die Forderung der Selbstrechtfertigung Gottes, endete da, wo die Schuldzuweisung einen vermeintlich guten Gott traf, dieser aber aufgrund des anscheinend aufgedeckten Widerspruchs zwischen seinem – guten – Wesen und der Realität einer leidvollen und in vielem bösen Welt inexistent wurde. „Gott ist tot“, ist nicht nur Nietzsches Verkündigung, sondern wird von zahllosen Menschen unserer Zeit nachgesprochen, zumindest nachgelebt. Das geschieht, obwohl dieser Gott immer mehr an Profil verliert und wenig gefragt wird, ob es der Gott der Philosophen ist oder der Gott Jesu Christi. „Gott“ war eben „Gott“. In einer Zeit, in der der jüdisch-christliche Monotheismus als weltweit gültig vorausgesetzt wurde, musste Gott schlechthin scheitern, wenn es ihn denn gab.

Wo aber kein Gott sich mehr rechtfertigen kann, fällt die Verantwortung auf den Menschen, sein Vermögen und seine Ohnmacht zurück; gefordert ist Anthropodizee, die Selbstrechtfertigung des Menschen. Wo aber der einzelne Mensch als Person keine Verantwortung übernimmt, kommen andere Entschuldigungsmechanismen zur Sprache, die Umwelt, das Milieu, gesellschaftliche Zwänge, psychische Bedingtheiten u. a. m. Die Entschuldigungsuche im Menschen findet zudem da ihre Grenze, wo die Frage nach dem

Leiden von den moralischen (lat. *malum morale*) zu den „physischen" (lat. *malum physicum*) Übeln, zu den Naturkatastrophen, zu Krankheit und Tod übergeht. Hier steht der Mensch vor den Trümmern seines auf sein Menschsein konzentrierten Selbstverständnisses. Es ergibt keinen Sinn; das Ende ist Sinnlosigkeit. Denn was immer an Begründungen und „Ent-Schuldigungen" versucht wird[46] – die Leidenssituation von Mensch und Welt bleibt aporetisch. Da aber Leiden nicht einfach das zu Ertragende ist, suchen Menschen nicht nur nach Erklärungen, sondern vor allem nach Befreiung vom Leiden: „Erlöse uns von dem Bösen!"

Suchgeschichten

Nun ist Leiden keine zeitlose Sache; es erzeugt Reaktionen im Leben alles Lebendigen, zumal der Menschen. Es betrifft folglich jede Biographie und entfaltet sich in Leidens*geschichten*. Wo Menschen um die Überwindung alles Leidens bemüht sind, sind sie auf der Suche, so dass Leidensgeschichten dann zu Suchgeschichten werden. Das ergibt sich auch, wenn Menschen in ihrer Reflexion die Zeitabfolge nicht nur rückwärtsgewandt auf die Vergangenheit hin bedenken, sondern sich zugleich vorwärtsgewandt auf die Zukunft hin öffnen. Denn auch wenn ein Mensch hier und jetzt sein Leiden zu überwinden meint, muss ihm die wahre Rettung, soll sie sich nicht in einem Augenblick erschöpfen, auf Dauer und damit auf Zukunft hin zuteil werden.

Hier stellt sich dann die Frage: Hat der Mensch die Fähigkeit, aus eigenen Kräften das Leiden zu überwinden und den Stand der Leidlosigkeit zu erreichen, oder muss er sich auf andere und andere Kräfte verlassen? Wo die menschliche Existenz als ganze vom Leiden geprägt ist, ist der Mensch auch in seiner Ganzheit, in seiner Geist-Seele-Leib-Einheit betroffen. In diesem Sinne gehört der extreme körperliche Schmerz genauso zum Leiden wie die von vielen erfahrene radikale Sinnlosigkeit, die Menschen dann auf vielfältige Weise, durch Drogen, Konsumismus und das Leben in den Tag hinein überspielen.

Wenn wir von Suchgeschichten sprechen, handelt es sich einmal um reflektiertes, theoretisches Suchen, wie wir es bei Philosophen und Künstlern finden, dann aber vor allem um praktische bzw. in der Lebenspraxis sich vollziehende Suchaktionen wie die Suche nach dem Schatz im Acker oder der verlorenen Perle (vgl. Mt 13,44ff.). Der polnische Philosoph Leszek Kolakowski hat von der heutigen Welt gesagt:

> „Die Welt, in der wir leben, ist keine Welt der in Gewissheit befriedigten, vergnügten, im Glauben oder Unglauben befestigten Menschen. Es ist vielmehr ein Zeitalter der Vertriebenen, der Flüchtlinge, der Exilanten, der Herumirrenden, der ‚ewigen Juden' auf der Suche nach verlorenem – geistigen oder physischen – Heimatland. In diesem Nomadenleben ist nichts mehr sicher, nichts gewährleistet, nichts endgültig festgesetzt, nichts – außer dem Wandern – fraglos gegeben."[47]

Hier haben nun auch die Religionen ihren bleibenden Ort. Wie zuvor schon gesagt, entfalten sie dort ihre eigentliche Stärke, wo sie sich als fähig erweisen, Menschen auf ihrem Weg zu begleiten und Wege der Leidüberwindung und der Sinnerfüllung zu eröffnen. Es fällt auf, dass in unserer Zeit Menschen weniger nach religiösen *Lehren* fragen, dafür aber an praktischen Wegführungen interessiert sind. Wir wissen um die Bedeutung der Innenschau, die Anleitungen zur Meditation und damit zur Wiedergewinnung der Mitte, sodann auch um die Antriebe, die Menschen auch da befähigen durchzuhalten, wo das Wegziel verborgen ist.

Eines ist an dieser Stelle besonders zu betonen: Wo Menschen sich auf sich selbst zurückfallen lassen, bleiben sie allein. Solange Menschen aber noch auf der Suche sind, schlummert in ihnen die Kraft der Hoffnung, doch irgendwann das Ziel des Lebens zu finden und zu erreichen. Auf chinesischen Tuschzeichnungen stößt man immer wieder auf das Motiv der Suche. Auf einem solcher Bilder tasten

Abt Hakuin (1685–1768): „Blinde tasten sich über eine Brücke“, Tuschezeichnung

sich mehrere Blinde über eine Hängebrücke, die über einen tiefen Abgrund gespannt ist – in der Hoffnung, das rettende andere Ufer zu erreichen.

Wie Kolakowski es sieht, kann gerade die Suche Menschen verbinden. Dabei kann es sich um Glaubende und Nicht-Glaubende handeln – entscheidend ist, dass die Menschen sich nicht aufgeben. Was aber Menschen über die Grenzen der Religion hinweg verbindet, kann Menschen, die auf religiösen Wegen gehen, also innerhalb der Grenzen der Religionen nicht trennen. Wer redlich und ehrlich sucht, kann mit *Sympathie* – Mit-Leiden – rechnen. In Judentum und Christentum ist auf das Erbarmen und die Barmherzigkeit Gottes hinzuweisen, das in seiner Bildhaftigkeit an den mütterlich bergenden Schoß erinnert. Im Mahāyāna-Buddhismus ist Kuan-yin (jap. *Kannon*) der Bodhisattva der Barmherzigkeit schlechthin.

Er repräsentiert die andere Seite buddhistischer Vollendung, die sich nicht mit der unüberbietbaren Einsicht und

Weisheit (skt. *prajñā*) zufrieden gibt, sondern Mit-Leiden (skt. *karunā)* auf die unerlöste Welt ergießt.

Ein Weiteres ist anzufügen: Die Suche kann auf dem Weg nach innen, aber auch auf dem Weg nach außen, das heißt: in der Zuwendung zur Geschichte erfolgen. Gar manch einer hat das Ziel seines Lebens dadurch erkannt, dass er auf das Zeugnis eines anderen geachtet hat. Christlich gesprochen, kommt es immer wieder zur Kreuzung von Wegen, auf denen Suchende sich vorantasten, und Wegen, auf denen Märtyrer leben – Zeugen, die bis zum Vergießen ihres Herzblutes in den Tod hinein Zeugnis ablegen. Beides, die Suche und das Zeugnis, lebt davon, dass es in menschlichen Gesichtern zum Ausdruck kommt und dass es in den Suchgeschichten der Menschen gemeinsame Wegstücke gibt und sich Weggemeinschaften bilden. Christlicherseits ist die Kirche eine solche Weggemeinschaft in der Nachfolge Jesu (vgl. dazu KF 377–382).

Weil aber die Nachfolge Jesu in der Gegenwart in konkreten Situationen gelebt und verwirklicht sein will, wird aus der Christologie als dem Ringen um das Verständnis Jesu Christopraxie, eine Jesus dem Christus entsprechende Praxis, die ihrerseits zu einer „suchenden Christologie“ wird, das heißt: einer Bemühung, Jesus Christus im Heute und für das Heute zu erkennen und zu verstehen.

Verheißungsgeschichten

Wo Suchende auf Zeugen stoßen, begegnen sich Fragende und Antwortende. Dabei entsteht zwischen beiden schon deshalb oft eine Gemeinschaft, weil auch die Zeugen in der Regel Leidende und Suchende sind. Die Nasenlänge voraus ergibt sich daraus, dass – jüdisch-christlich gesprochen – Zeugen – Märtyrer – aus einer Verheißung leben, die ihnen die Gegenwart für eine positive Zukunft erschließt. Verheißung, wie sie hier verstanden wird, verspricht durch alle

Katastrophen hindurch doch ein positives Ende. Aus einer solchen Verheißung leben, auch wenn das Wort nicht benutzt wird, auch andere Religionen. Denn schon die Suche ist nur sinnvoll, wenn sie zumindest implizit von der Erwartung lebt, einen Sinn zu finden und zu einer Sinnerfüllung zu gelangen. Somit aber lässt sich von Verheißung auch in einem weiteren Sinne reden.

Mit Verheißung bzw. Verheißungen verbindet sich ein Weiteres. Während Suchen den Menschen als ein wesentlich aktives Wesen kennzeichnet, akzentuiert Verheißung anders. Hier ist der Mensch zunächst Betroffener, Angesprochener, Empfänger. Gegenüber dem aktiven Suchen kann gar von einem Erleiden, also einer bestimmten Form von Passivität gesprochen werden, wobei das Erleiden hier nicht mit der eindeutig negativen Konnotation der Rede von Leidensgeschichten verwechselt werden darf. In der christlichen Mystik ist die Rede vom Gott-Leiden nicht fremd.[48] Verheißung aber ist wesentlich zukunfteröffnend. Zukunft wiederum meint – gegenüber einer verbreiteten Sicht von menschlich gestalteter Zukunft – das, was „(auf) uns zukommt“ – *„ad-ventus“* –, was Menschen fürchten oder erhoffen.

Fürchten und erhoffen aber besagt: Was Menschen konkret erwarten, ist vielfältiger, beseligender und verdammender Art. In der Tat war und ist die Zukunftserwartung in den verschiedensten Religionen keineswegs nur positiv gefüllt. Bis in die neuzeitliche Geschichte des Christentums bestimmte das Leistung-Lohn-Denken weithin auch die christliche Zukunftserwartung[49]: Die Bösen erwartete das harte Los der Verdammnis, den Guten öffneten sich Pforten des Paradieses. Himmels- und Höllenbilder lassen sich nicht nur auf mittelalterlichen Gerichtsdarstellungen finden, sondern gehören auch zur asiatischen Ikonographie.

Von der Verkürzung der Endgültigkeit im Reinkarnationsdenken war schon die Rede. Der Versuch, sich von den Zukunftsprognosen zu verabschieden, ist auch da zu erkennen, wo nach Meinung von Menschen im Tode alles aus ist. Doch selbst in unseren Tagen, wo Menschen immer mehr glauben, über sich selbst verfügen zu können, hört das Fragen nach dem, was nach dem Tode kommt, nicht auf. Folglich bleiben die Fragen aus dem Diesseits nach einem Jenseits, aus der Endlichkeit in die Unendlichkeit. Die Fragen selbst haben längst eine unendliche Geschichte. Denn Jenseits, Unendlichkeit, Ewigkeit gehören in allen Religionen zum umfassenden Lebensrahmen menschlicher Existenz.

Die Religionen beantworten die Frage nach Jenseits und Unendlichkeit aber nicht auf dieselbe Weise. In der verbreitetsten Sicht der Dinge sind wir, solange wir leben, auf dem Weg – das Ziel vor Augen. Dieses Ziel aber ist und bleibt uns verheißen. Jürgen Moltmann hat in seiner *Theologie der Hoffnung*[50] die Geschichte der Juden als eine Geschichte der Verheißung vorgestellt und in der Erfüllung der Verheißung die Auflösung alles Suchens gesehen. Verheißung und Erfüllung sind entsprechend auch das Grundschema, von dem her lange Zeit im Christentum vorrangig das Verhältnis von Altem bzw. Erstem und Neuem Testament bedacht worden ist. Wo die Verheißungsrede sich neutestamentlich mit der Ankündigung der Gottesherrschaft füllt, geschieht freilich Neues: Je entschiedener Jesus die Ankunft der Gottesherrschaft mit der Existenz seines Lebens verbindet, desto stärker entwickelt sich das Spannungsverhältnis von „Schon (anwesend)“ und „Noch-nicht (anwesend)“. Bei aller Rede von Erfüllung darf aber nicht übersehen werden, dass sie gerade wegen des Spannungsverhältnisses von Schon und Noch-nicht in letzter Hinsicht bis zum vollen Ende der Zeit aussteht und dieses Ende auf keine Weise vorweggenommen werden kann.

Wo die Gottesherrschaft im Blick auf Jesus von Nazaret, „wahrer Gott und wahrer Mensch“, als präsentisch und futurisch zugleich verstanden wird, treten bei Auflösung der Verknüpfung die beiden Seiten des Spannungsverhältnisses als Extremmöglichkeiten in den Blick:

Rein futurisch kann die Verheißung zur Vertröstung werden. Die Welt als „Jammertal“ verfällt dann der reinen Vorläufigkeit, die zu durchleiden, nicht aber zu verändern ist. Die Frage, wieweit die Spiritualitäten verschiedener Religionen, nicht nur der christlichen, zur Weltverachtung und zum Rückzug aus der Welt einladen, stellt sich nach wie vor.

Rein präsentisch wird die Verheißung zur Einladung, der Gottesherrschaft auf den vielen Feldern, auf denen sie sich zeigen müsste – in Gerechtigkeit, Wahrheit, Solidarität und Frieden –, um den Grundforderungen des Lebens zum Durchbruch zu verhelfen. Nicht Weltabkehr, sondern Welthinkehr wird hier zum Impuls.

Dass diese Sicht der Dinge keine Trennungslinie zwischen Christen und Andersgläubigen darstellt, beweist die Tatsache, dass eine heute verbreitete Antwort auf die Frage nach Weg und Ziel lautet: *Der Weg ist das Ziel.* Oder in der Sprache Indiens und des Buddhismus gesagt: *Samsāra* ist *Nirvāna*. Besagt *Samsāra* diese vergängliche Welt des Leidens, ist *Nirvāna* die Situation der Leidlosigkeit, die da erreicht ist, wo jegliche Form von Anhänglichkeit überwunden ist. Um diese Situation zu erreichen, braucht der Mensch nicht erst zu sterben, wie auch im Christentum die Erlöstheit keineswegs erst im Tode erreicht wird, sondern da eintritt, wo der Mensch, in der Taufe eingetaucht in den Tod Jesu, mit ihm zum Leben aufersteht (vgl. Röm 6,1–11). Was dieses Miteinander von *Samsāra* und *Nirvāna* im Lichte des christlichen Taufverständnisses besagt und umgekehrt: Was das Gestorbensein mit Christus – asiatisch: hinduistisch wie buddhistisch – wahrhaft bedeutet, ist bislang noch kaum bedacht worden. Jedenfalls leben Hindus, Buddhisten und Christen wie auch die Anhänger anderer Religionen, wo sie sich wirklich auf Nachfolge einlassen, in der wahren Lebenswirklichkeit, ohne sie in der Vorläufigkeit dieses Lebens voll ergründen zu können.[51] In dieser Einsicht hat die große Nähe, die Mystiker der verschiedenen Religionen füreinander empfinden, ebenso ihren Grund wie die Tatsache, dass Menschen religiös immer mehr nach ihren inneren Erfahrungen und Antrieben gefragt werden. Anders gesagt: Was sind die Verheißungen, aus denen Menschen ihr Leben gestalten?

Heilsgeschichten

Inhalt der Verheißungen sind Glück und Harmonie, Licht und Einsicht, Erlösung, Befreiung und Freiheit, Friede und Gemeinschaft, Leidlosigkeit, Heilung, Heil und Liebe. Diese – teilweise bildhaft erscheinenden – Inhalte sind so, wie sie hier genannt werden, in den verschiedensten Religionen in unterschiedlicher Betonung, auch mit unterschiedlichen Schwerpunkten zu finden.[52] Freilich sollte nicht verschwiegen werden, dass sich in die positiven Bilder kommender Seligkeit immer auch Bilder möglicher Katastrophen und des Gerichts mischen, die auch heute nicht völlig verdrängt werden dürfen. Wir leben auf Hoffnung hin, nicht im Wissen, und wir verfügen über die Zukunft nicht.

Überall fragen sich daher die Menschen: „Was muss ich tun, damit mein Leben ‚glückt'?" Was ist das „Glück" meines Lebens? Wer einmal in chinesischer Umgebung das Neujahrsfest mitgefeiert hat, wird tief berührt sein, wie sich ihm überall der Wunsch nach Glück im chinesischen Bildzeichen für „Glück" förmlich einprägt.

Dem entspricht im ganzen Fernen Osten die Sehnsucht nach Frieden, der da eintritt, wo die Polaritäten *Yin* und *Yang* ein ausgeglichenes, harmonisches Miteinander finden und die Herzen der Menschen füreinander offen sind.

Was alle Menschen in Sehnsucht und Bemühen vereinigt, hat in den verschiedenen Stämmen und Völkern, Kulturen und Religionen dennoch seinen eigenen Anfangspunkt und von daher seine eigene Geschichte entwickelt. Wenn Menschen heute die große Gemeinsamkeit zwischen den ver-

Kurze Erläuterung zum Glückszeichen „Fu“: Der linke Teil (eigentliche Form: 示) ist der sinntragende Teil, er steht für das „Göttliche“, für den Einfluss des Himmels, für glücksverheißende Zeichen von oben, durch die der Himmel seinen Willen den Menschen kundtut. Die zwei vertikalen Striche 二 sind die alte Form von 上, was hier „Himmel“ bedeutet (eigentlich „oben, höchst“). Die drei vertikalen Striche repräsentieren die Dinge, die vom Himmel hängen: Sonne, Mond und Sterne. Sie offenbaren dem Menschen transzendente Dinge.

Der rechte Teil des Zeichens ist hier phonetisch von Bedeutung, er bestimmt die Aussprache. Er bedeutet „Überfluss“ und setzt sich zusammen aus der Verkürzung des Zeichens 高 (hoch) und einem 田 Feld. Überfluss ist also das Aufstapeln der Früchte des Feldes.

schiedenen Menschengruppen der Welt als beglückend entdecken, besagt das zunächst einmal, dass auch solche, die nicht so denken und sprechen, so aussehen und sich benehmen wie wir, dennoch Menschen sind. Diese Einsicht war keineswegs zu allen Zeiten gegeben und musste gerade auch von den Europäern seit der Zeit der Entdeckungen mühsam gelernt werden.

Die Frage ist dann aber, wenn man von der einen Menschheit überzeugt ist: Woher stammen die Unterschiede? Was begründet die Andersheit? Wo aber verglichen wird, kommt es zu Einordnungen, zu Über- und Unterordnungen, wobei häufig die Tendenz besteht, das Eigene für qualitativ besser und vollkommener zu halten als das Andere. Das gilt jedenfalls solange, als ein Überlegenheits- und Herrschaftsgefühl anderen gegenüber besteht. Diesem Gefühl Raum zu schaffen, diente die Unterwerfung – oft mit Hilfe von Krieg und Gewalt. Die heutige Friedensforschung fragt deshalb nicht zuletzt nach den Motivationen für Krieg und Gewalt und in dem Zusammenhang auch nach dem Einfluss der Religionen.

Hier ist dann die Frage zu stellen: Inwiefern sind die Religionen Wege, die den Menschen Glück vermitteln, sie aus dem Leid befreien, zu Heilung und Heil führen, sie umfassend befreien? Christen – und auch die offiziell redende Kirche – kommen heute nicht umhin, sich einzugestehen, dass das Wort „Heil" und „Heilsangebot" ihnen nicht allein zusteht. Denn die Sehnsucht nach Glück und die Verheißung von Wegen zu Glück und Heil übersteigen den Bereich christlichen Bekenntnisses. Dass sich Christen fragen, wie sich die vom Heilsgeschehen Jesu Christi abgeleitete Heilsgeschichte zu den Heilsverheißungen anderer Religionen verhält, ist ein anderes Problem.

Nun heißt es in der *Notificatio* zu J. Dupuis Nr. 8 eher schroff: „... zu vertreten, dass diese (d. h. die anderen – H. W.) Religionen als solche Heilswege sind, hat keine Grundlage in der katholischen Theologie ..." Hier aber ist zu unterscheiden. Die katholische Theologie mag zwar aus ihrer eigenen Selbsteinschätzung zu dem Schluss kommen, dass die Heilsvermittlung der anderen Religionen objektiv in Beziehung zum Heilswerk Jesu Christi zu sehen ist. Doch das kann nicht bedeuten, dass sich andere Religionen nicht auch aus ihrem Selbstverständnis heraus als Heilswege bzw. Heil vermittelnde Wege verstehen können. Die Theologie kann das umso weniger verbieten, als es in der zitierten Nr. 8 auch heißt, der Heilige Geist bewirke Heil durch die Elemente der Wahrheit und Güte, die in den verschiedenen Religionen präsent sind.

Der Streit darüber, ob es gegenüber dem durch Christus bewirkten Heil noch weitere Jesus-unabhängige Heilswege gibt, ist von geringerer Bedeutung als die Einsicht, dass alle Religionen in dem Maße, als sie Strahlen der Wahrheit und Güte sowie einen Sinn für das Heilige enthalten, eine Funktion in der Vermittlung des realen göttlichen Heils ausüben können bzw. tatsächlich ausüben. Letztendlich ist nicht der nachträgliche Deutevorgang bedeutsam, sondern die Erkenntnis, dass das umfassende Heil – bei aller Beachtung der menschlichen Mitwirkung – von Gott geschenkt ist. Die von den Christusgläubigen bezeugte radikale und totale Selbstmitteilung Gottes in Jesus Christus bleibt aber auch da bestehen, wo Menschen zwar nicht um die Endgültigkeit der Heilsoffenbarung, wohl aber um das Geschenk von Heil und Befreiung wissen. Dass auch andere Religionen Wege zum Heil aufzeigen wollen und damit zu „Heilswegen" werden, sollte von Christen nicht bestritten werden und kein Anlass zum Streit werden. Hier interpretiert Gerhard Gäde in seinem Werk *Viele Religionen – ein Wort* die Eingangsworte des Hebräerbriefes 1,1f. zu Recht offen:

> „Viele Male und auf vielerlei Weise hat Gott einst zu den Vätern gesprochen durch die Propheten; in dieser Endzeit aber hat er zu uns gesprochen durch seinen Sohn."

Was im ursprünglichen Kontext sich auf das Judentum in

der Zeit vor Christus bezieht, wendet Gäde in weiterem Sinne an, indem er die zitierten Sätze für die gesamte Geschichte der Religionen versteht. Entscheidend ist, dass es – analog zum Prolog des Johannesevangeliums – um das eine Wort Gottes, den Logos, geht, der „Fleisch geworden ist und unter uns gewohnt hat" (Joh 1,14):

> „Viele Male und auf vielerlei Weise – in der Tat, so oft und so vielfältig, wie es Menschen gibt, die von Gott sprechen und die Verheißung ewigen Lebens hoffnungsvoll und zuversichtlich bezeugen, kommt Gottes Wort zu den Menschen. Und doch ist es nur *ein* Wort. Der Anfang des Hebräerbriefes will das Sprechen ‚durch den Sohn' keineswegs als ein weiteres Glied in einer langen und vielleicht nur vorläufigen Reihe verstanden wissen. Gott hat vielmehr gesprochen durch den, der ‚Abglanz seiner Herrlichkeit und das Abbild seines Wesens' (Hebr 1,32) ist." (360)

An dieser Stelle ist nun ein Weiteres hinzuzufügen. Hinsichtlich der missionarischen Verkündigung einer Frohbotschaft fragt es sich: Wer kann es Menschen verwehren, von ihrem Glück und ihrer Überzeugung zu sprechen, dass Gott für alle Menschen den Weg zum Heil eröffnet hat? Im 1. Timotheusbrief 2,3f. heißt es vor dem Hinweis auf den einen „Mittler zwischen Gott und den Menschen, den Menschen Christus Jesus":

> „Das ist recht und gefällt Gott, unserem Retter; er will, dass alle Menschen gerettet werden und zur Erkenntnis der Wahrheit gelangen."

Wer also will es Christen verwehren, offen von ihrem Glück zu sprechen, zumal wenn sie ihr Glück mit möglichst vielen, wenn nicht mit allen Menschen zu teilen wünschen? Allerdings gilt das Gesagte auch umgekehrt. Mit anderen Worten: Wer will es Andersgläubigen verwehren, dass sie von ihrem Weg zur Befreiung und Erfüllung sprechen? Es fragt sich auch, ob Christen unbedingt immer wieder von der Einzigkeit der in Jesus Christus sich vollziehenden unüberbietbaren Selbstmitteilung Gottes so sprechen müssen, dass alle anderen Menschen, die nicht an Christus glauben, sich gedemütigt und am Ende vom Heil ausgeschlossen fühlen. Ich denke, dass das alles nicht zu sein braucht und die Begründung der *Notificatio* in diesem Punkte deutlich zu kurz greift.

Schließlich ist das Wort „Heil" kein ursprünglich christlicher Begriff. Es besitzt auch keineswegs jene Eindeutigkeit, die man bei einem so häufig benutzten Wort unterstellen sollte.[53] Christen kommen freilich nicht umhin, ihr Christusbekenntnis zu überprüfen. Nivellierungen der Heilsverständnisse führen nicht zum Ziel. Doch bevor anderen Menschen der gute Wille und auch eine grundlegende Einsicht in das angebotene Geschenk der Gnade und des Heiles abgesprochen wird, sollte nach den Spuren der Durchlässigkeit für den *Deus semper minor, semper maior,* den Gott, der sich um unseretwillen immer kleiner macht und gegenüber unserem Denken doch der immer größere Gott bleibt, bei allen Menschen und in allen Religionen gesucht werden. Wer aber ist dieser Gott – bei uns Christen und bei denen, die nicht an Christus glauben?

Gottesgeschichten

Am Ende stellt sich die Frage: Sind die Menschengeschichten alle miteinander auch Gottesgeschichten? Verkünden alle Religionen denselben Gott? Was ist mit den „Religionen" ohne Gott? Zu diesen Fragen gibt es nach wie vor unterschiedliche Antworten.

Um es vorweg zu sagen: Religiöse Menschen unserer abendländischen Welt neigen dazu, in allen Religionen denselben Gott am Werk zu sehen. Das ergibt sich schon aus der Tatsache, dass der Gott des Judentums derselbe ist, den auch die Christen verehren, und dass der Gott des Islam – Allah – gleichfalls für Gott schlechthin steht. In dieser Antwort geht es nicht um die Gottes*vorstellungen*, sondern um die Wirklichkeit Gott. Die Alternative zur Bejahung Gottes ist denn auch nicht der Verweis auf andere Gottesvorstellungen, sondern die Leugnung Gottes, der radikale Atheismus.

Was im Hinblick auf die drei so genannten abrahamitischen Religionen gesagt wird, ist dennoch nicht leicht auf die weite Welt der Religionen zu übertragen. Das zeigt sich schon, wenn wir genauer darauf achten, was „Gottesgeschichten" sind. Tatsächlich ist schon die Heilige Schrift der Juden bei allen Reflexionen, die sich auch in ihr finden, ein großes Erzähl-, ein Geschichts- und Geschichtenbuch, das von der Begegnung der Menschen mit Gott, darin aber und eigentlich zuerst vom Umgang Gottes mit den Menschen erzählt. Denn das Erstaunliche ist, dass Gott überhaupt mit den Menschen spricht, dass es Dialoge zwischen Gott und Menschen gibt, dass er erkennbar in der Geschichte der Menschen handelt, in sie eingreift, sie führt oder auch allein lässt. Die Weltgeschichte erweist sich als ein Drama, das sich zwischen Gott und Mensch abspielt. Da dem Menschen als Wesenseigenschaften Erkennen und Freiheit gegeben sind, spielt sich menschliches Leben wesentlich zwischen Annahme und Verweigerung der göttlichen Führung ab. Die Reaktionen Gottes sind folglich auch im Alten bzw. Ersten Testament so beschrieben, dass er sich nicht unberührt zeigt gegenüber dem menschlichen Verhalten: Er wird zornig, wenn der Mensch sich abwendet, er wirbt um den Menschen wie ein Liebhaber, er zeigt ihm all seine Liebe und ist am Ende barmherzig und bereit zu verzeihen.

Die Geschichte wird weitererzählt, wo sie im Neuen Testament dadurch einen neuen Akzent erhält, dass der ferne und doch so nahe Gott in der Menschwerdung Teil seiner Schöpfung und der Unendliche in der Endlichkeit des Menschen Jesus von Nazaret selbst Mitglied des Menschengeschlechts wird. Dass dieses Ereignis für den gläubigen Christen ein die ganze Menschheitsgeschichte prägendes Ereignis sein muss, bedarf, wenn es denn gläubig bejaht wird, keiner weiteren Begründung. Darauf ist umso mehr zu bestehen, als es in der heutigen Zeit eine wachsende Zahl auch von Christen, zumal Intellektuellen gibt, die wie John Hick in der Menschwerdung Gottes keinen Sinn mehr erblicken. Verständlich ist auch, dass Menschen, die die Botschaft von Jesus dem Christus nicht glauben können, an ihre eigenen Geschichten verwiesen sind. Die allen Menschen gemeinsamen Fragen warten auch dann auf Antwort.

Hier ist weiter zu fragen: Kommt in den genannten Menschengeschichten Gott vor, oder was stellt die Verankerung ihres Lebens dar?[54] Woran machen sie ihr Leben fest, worin finden sie ihr Lebensziel? Hier können nun nicht die unendlich vielen Geschichten mit und um Gott nacherzählt werden. Wichtig ist zu sehen, dass es diese Geschichten gibt. Eine Grobeinteilung dieser Geschichten kann daraus gewonnen werden, dass wir, auch wenn der Begriff der Person selbst noch einmal eine Geschichte hat, von einem *personalen* Gott ausgehen. Dass Juden, Christen und Muslime in ihrem Gott einen personalen, die Christen gar einen dreipersonalen Gott sehen, folgt bereits daraus, dass Gott zwischen sich und den Menschen ein Gespräch ermöglicht und zudem menschliches Handeln freisetzt und bestimmt.

Geht man von dieser Beobachtung aus, erkennt man in der Menschheitsgeschichte einmal Zeiten und Orte, an denen offensichtlich viele Götter am Werke sind. Ob es sich bei der Rede von vielen Göttern auch um die Überzeugung von der Realität vieler Götter handelt oder ob die Vielheit nur Ausdruck der Vielgesichtigkeit und der unausschöpfbaren Fülle des einen Gottes ist, bleibt dabei zunächst offen. Wo aber die Personalität Gottes selbst als eine Vermenschlichung Gottes angesehen und das dem Menschen von sich aus Unzugängliche zum Heiligen und Göttlichen wird, verliert auch die Rede von Gottes Wort und Gottes Worten ihre Kraft. Denn das Wort als menschliches Wort ist nicht Gott. Wird aber sinnvollerweise von Gottes Wort gesprochen, dann muss das Wort Gott selbst betreffen. Christlicherseits betreten wir dann jenen Bereich, den wir „dreifaltiger Gott" nennen. Anders gesagt: Von Wort Gottes kann wahrhaftig nur gesprochen werden, wo wir vom dreifaltigen Gott sprechen.

Wo der Mensch über sich hinaus strebt – und das kann auf dem Weg nach innen wie nach außen in die Geschichte geschehen –, eröffnet sich zunächst im Schweigen das unendliche Meer, das Menschen trägt oder untergehen lässt. Hier kann der Mensch sich nicht entziehen, weil das, was ihn zeitlich wie räumlich umgibt, immer größer ist als er selbst und er folglich letztendlich diesem Je-Größeren gegenüber ohnmächtig bleibt. Wenn dieses schweigende Meer spricht, kann das nur aus Gottes Initiative heraus geschehen. Vielleicht haben Christen sich inzwischen zu sehr an diese göttliche Initiative gewöhnt, so dass ihnen das Staunen längst vergangen ist und sie diese Erfahrung für so selbstverständlich halten, dass sie sie mehr oder minder auch für den Bereich anderer Religionen als selbstverständlich voraussetzen. Das Wort „Offenbarung" wird tatsächlich reichlich inflationär gebraucht.[55]

Der Ursprung und das Eine im indischen Veda: Rigveda X, 129:

Nicht war das Nichtseiende und nicht war das Seiende damals. Nicht war der Luftraum noch der Himmel darüber. Was strich hin und her? Wo? In wessen Obhut? Was war das unergründliche, tiefe Wasser?

Nicht der Tod noch die Unsterblichkeit war damals; nicht gab es ein Anzeichen von Tag und Nacht. Es atmete nach eigener Satzung ohne Windzug dieses *Eine* (*tád ékam*). Irgendein anderes als dieses war weiter nicht vorhanden.

Im Anfang war Finsternis in Finsternis versteckt; das von der Leere eingeschlossen war, das *Eine* wurde durch die Macht seines heißen Dranges geboren.

Über dieses kam am Anfang das Liebesverlangen, was des Denkens (*mánas*) erster Same war. – Im Herzen forschend, machten die Weisen durch Nachdenken das Band des Seienden im Nichtseienden ausfindig.

Quer hindurch war eine Richtschnur gespannt. Gab es denn ein Unten, gab es denn ein Oben? Es waren Besamer, es waren Ausdehnungskräfte da. Unterhalb war die eigene Satzung, oberhalb die Gewährung.

Wer weiß es gewiß, wer kann es hier verkünden, woher sie entstanden, woher die Schöpfung kam? Die Götter (kamen) erst nachher durch die Schöpfung dieser (Welt). Wer weiß es dann, woraus sie sich entwickelt hat?

Woraus diese Schöpfung sich entwickelt hat, ob *er* sie gemacht hat oder nicht – der der Aufseher dieser (Welt) im höchsten Himmel ist, der allein weiß es. Es sei denn, dass auch er es nicht weiß.

(Übersetzung nach *J. Mehlig*[56])

Eine begrenzte Form von Gottesgeschichte tut sich da auf, wo Gott einerseits der dem Menschen von seiner Seite her Verschlossene und Unzugängliche bleibt und auch als solcher bejaht wird, Menschen sich andererseits aber der Botschaft von Gottes Selbstmitteilung und Selbstoffenbarung nicht mehr stellen. Das ist auch da der Fall, wo Gott in seinem Wesen zwar „*the Real*", „das schlechthin Wirkliche" (J. Hick) ist, die „vielen Namen" aber menschliche Annäherungen sind, die am Ende Gott genauso treffen wie verfehlen können. Wer so argumentiert, steht in der Gefahr, dass er auf die Dauer das christliche Selbstverständnis verfehlt und folglich auch nicht mehr im Namen der Christusjüngerschaft reden kann.

Sodann aber ist von den Religionen zu sprechen, in denen Gott gleichsam nicht vorzukommen scheint. In der heutigen Geschichte wird der Buddhismus zu jenem faszinierenden Ort, an dem – auch im Verständnis des 2. Vatikanischen

Konzils – Religion gelebt wird, obwohl das Wort Gott nicht fällt. Was ihn zur Religion werden lässt, sind einige wenige Beobachtungen: Dem Buddha ging es wesentlich um eine radikale Befreiung aus der Last der Leiden, letztlich dem unendlichen Kreislauf der Dinge. Auf diese Befreiung kann sich jeder Mensch, wenn er will, einstellen. Sehen und Freiheit, Überwindung der Blindheit und jeder Form von Anhänglichkeit sind – wie es das Erwachen des Buddha, des Erleuchteten, lehrt – jedem Menschen möglich. Das, worin all das dann endet, ist letztlich namenlos, nichts, woraus neue Anhänglichkeit entstehen könnte.

Die Geschichte der Religionen, zumal des Buddhismus, ist aber keineswegs zu Ende, weil aus den Geschichten der einzelnen Religion immer deutlicher eine Geschichte der Religionen – miteinander und gegeneinander – geworden und diese keineswegs abgeschlossen ist. Es gibt hier Geschichten der Unterdrückung, der Synkretismen, der Religionskriege, inzwischen der Dialoge. Die Frage ist, ob in dieser Situation die Selbstverleugnung hilft. Unübersehbar neigen nicht wenige Christen dazu, wenn sie ihren Christusglauben durch einen eher unqualifizierten Gottesglauben meinen ersetzen zu sollen. Eine rein pluralistische Sicht der Dinge, die einfach alles nebeneinander bestehen lässt, ist im Grunde undialogisch, wenn sie um des lieben Friedens willen zunächst einmal jedem Recht gibt und die Wahrheitsfrage auf sich beruhen lässt. Das wird freilich, wie zuvor schon gesagt, auf die Dauer nicht gehen.

Alle Religionen sprechen auf ihre Weise von der Wahrheit, wobei es zunächst nichts ausmacht, ob in Bescheidenheit von stückweisem Erkennen oder in überzogenem Selbstbewusstsein von der vollen Wahrheit geredet wird. Wie die Gottesgeschichten unabgeschlossen sind, so ist auch die Geschichte der Wahrheitsfindung keineswegs am Ende, vielmehr befinden wir uns hier mitten in einem anhaltenden Prozess. Der Mensch muss nur zwei Dinge erkennen: (1) Jeder Mensch ist wahrheitsfähig. (2) Es gibt Wahrheiten, die nicht zu hinterfragen sind, die aber das Leben des Menschen bestimmen und die die Menschen folglich zu leben haben. Radikale Selbst-Losigkeit, radikales Sich-Loslassen und Leben aus dem, was gerade darum das wahre Selbst ist, weil es nicht das kleine egoistische Selbst ist, stecken den Rahmen ab, in dem der Mensch im Ganz-Anderen seinen grundlosen Grund findet. Der Jubelruf, den Menschen Gott entgegenbringen, ist am Ende vielleicht doch vom schweigenden Staunen ohne die Anrufung des Gottesnamens weniger entfernt, als es manchem Menschen aufgrund seiner subjektiven Befindlichkeiten und Überzeugungen erscheinen mag.

5. Dialog und Bekenntnis

Wunder der Sprache[57]

Die Geschichte besteht – wie gezeigt – aus vielen Facetten und lebt von einer Vielfalt von Geschichten. Diese wollen von denen, die sie erleben, erzählt werden. Wo Menschen sich erzählend begegnen, kommt es aber dann zu einer doppelten Erfahrung: Auf der einen Seite ist es wunderbar, dass Menschen einander zuhören und verstehen können. Gerade darum aber ist es auf der anderen Seite schmerzlich, wenn Menschen sich nicht verstehen und verständigen können. Für beides gibt es Gründe.

Beide Erfahrungen – das Verstehen wie das Nichtverstehen – haben es auf den ersten Blick mit dem Wunder der Sprache, mit der Sprachbegabung des Menschen zu tun. Es gehört zum Menschsein, dass Menschen sich in der Sprache mitteilen können. Selbst wer krankheitshalber nicht sprechen kann, kann in analoge Weisen der Kommunikation eingeführt und in ihnen ausgebildet werden. Doch selbst wer sprechen kann, kommt oft deshalb nicht zum Verstehen, weil es viele Sprachen gibt und deshalb nicht alle dieselbe Sprache sprechen. Jeder Mensch hat seine Muttersprache, alle anderen sind ihm zunächst fremde Sprachen.

Biblisch ist die Situation der Sprachen in zwei gewaltigen Bildern zum Ausdruck gebracht. Als die Menschen Babels versuchten, mit dem Bau eines Turmes wie Gott zu werden und die Herrschaft Gottes an sich zu reißen, ließ Gott diesen Turm einstürzen und die Sprache der Menschen verwirren, „so dass keiner mehr die Sprache des anderen versteht" (Gen 11,7). Hier ist die Kenntnis der Sprache ein Weg zum Baum der Erkenntnis, in der der Mensch wie Gott wird. Umgekehrt ereignete sich in Jerusalem nach der Auferstehung Jesu zu Pfingsten das große Sprachwunder, so dass alle

Anwesenden staunten, als Petrus und die Apostel Gottes Großtaten verkündeten:

> „Wieso kann sie jeder von uns in seiner Muttersprache hören? … wir hören sie in unseren Sprachen Gottes große Taten verkünden." (Apg 2,8.11)

Hier verstanden sich alle Anwesenden kraft des göttlichen Geisteswirkens. Übertragen in die gegenwärtige Beschreibung zwischenmenschlicher Kommunikation können wir sagen: Es ereignete sich „Über-setzung".

„Über-setzung"

Damit werden wir auf eine andere Seite menschlicher Sprachbegabung aufmerksam gemacht – Menschen können lernen, in fremden Sprachen zu hören und zu sprechen, zu lesen und zu schreiben, kurz: in fremden Sprachen miteinander zu kommunizieren. Das wiederum ist ein Zeichen dafür, dass fremde Sprachen die Einheit des Menschengeschlechts im Menschsein nicht aufheben. Anders gesagt: Unterschiedliche Sprachen konstituieren keine unterschiedlichen Gruppen von Lebewesen. Weder Sprache noch Farbe und Rasse noch Geschlecht und Religion heben die Einheit im Menschsein auf. Es gehört vielmehr zum Menschsein, dass der Mensch aus seinem Wesen heraus über die Merkmale seiner Begrenztheit – Ort und Zeit, Sprache, Rasse und Kultur, auch Religion – hinaus offen ist für Anderes und Andere, für ein Mehr und für Neues, ja dass er von Sehnsucht nach Unbegrenztheit und Unendlichkeit erfüllt ist. Das alles ereignet sich dadurch, dass der Mensch gleichsam seinen eigenen Standort verlassen und sich auf andere Standorte stellen kann. Gerade die Befähigung zum Standortwechsel ist mit ein Grund, dass er über die Unzahl von Standorten hinaus gleichsam auf einen Standpunkt gelangen möchte, von dem aus – dann mit den Augen Gottes – alles zu überblicken ist.

Eine erste Chance, in der sich die Sehnsucht nach Mehr erfüllt, ist in der Tat mit den Möglichkeiten zur „Übersetzung“ gegeben. „Übersetzungen“ scheinen auf den ersten Blick eher technische Möglichkeiten zu bieten. Wörtlich besagt das Wort aber: Der Mensch hat geistig und damit ganzheitlich die Möglichkeit, von seinem begrenzten Ich her – gleichsam wie über einen Fluss hinweg – zum Ufer des Anderen und damit zum anderen Ufer überzusetzen. Dieses Bild hat im Buddhismus und seiner Rede vom kleinen und großen Fahrzeug hohe Bedeutung. Dass das Übersetzen nicht einfach und mit Mühen verbunden ist und der Einübung bedarf, weiß jeder, der mit fremden Sprachen umgeht.

Wer etwas von fremden Sprachen versteht und solche nicht nur liest, sondern spricht, weiß um die Grenzen der Übersetzung. Tatsächlich lässt sich nicht alles übersetzen, folglich auch nicht alles verständlich machen. Wer Letzteres will, muss – wie schon angedeutet – lernen, sich auf andere Standpunkte zu stellen bzw. einen anderen Standpunkt einzunehmen, andere Perspektiven wahrzunehmen. Damit wird der eigene Gesichtspunkt in der Regel relativiert. Sprachliche Formulierungen werden entsprechend in ihrer Ergänzungsbedürftigkeit und Überholbarkeit erkannt. In unserer Zeit des Pluralismus besteht dann die Gefahr, dass am Ende grundsätzlich alles relativiert wird und nichts mehr absolute und universale Geltung zu besitzen scheint.

Auch wenn der Kern aller Dinge immer schwerer auszumachen ist, bleibt es dennoch dabei, dass es gerade aus der Einheit des Menschengeschlechts heraus diesen für alle Menschen gültigen und von allen zu respektierenden Kern gibt. Die Frage ist, ob sich dieser Kern am Ende jeder sprachlichen Formulierung entzieht, so dass er nur noch in reiner Negativität aussagbar ist, das heißt: in Aussagen, die gleichsam einen Leerraum markieren, der sich der Füllung durch uns Menschen entzieht, oder ob nicht doch jene im Recht sind, die – wie es in vielen Religionen der Fall und uns im Christentum im Blick auf Jesus Christus bekannt ist – glauben, dass Menschen von sich aus zwar nur fähig sind zu sagen, was der Kern nicht ist, dass aber der Kern bzw. die Mitte ihrerseits fähig ist, sich ins Wort hinein mitzuteilen. Juden, Christen, Moslems und andere Glaubende führen ihre Sprachfähigkeit darauf zurück, dass Gott der Schöpfer des Alls keine stumme Gottheit, sondern ein sprechender Gott ist. Weil Gott Worte spricht, ja das Wort schlechthin ist, sind Menschen fähig zu antworten. Aus Wort und Antwort zusammen erwächst dem Menschen dann die Verantwortlichkeit. Leider ist der religiöse Kontext des Wortes „Verantwortung" auch in unseren Breiten fast völlig in Vergessenheit geraten.

Dialog

In unseren Tagen ist „Dialog" zu einem Schlüsselbegriff geworden. Er steht für die Beobachtung, dass der Mensch nicht nur Sprache besitzt, sondern wesentlich „Gespräch" ist – also ein von sprachlichem Austausch und damit immer neu entstehendem Miteinander in Sprache geprägtes Wesen ist. Zwei Dinge werden freilich zumeist übersehen:

(1) Der Dialog wird vor allem dort betont, wo Menschen in ihrer Personalität ernst genommen werden und aus dem Verhältnis der Menschen in Interpersonalität und Intersubjektivität das Subjektsein aller in Betracht gezogen wird. Was in der abendländisch-westlichen Welt mit großer Selbstverständlichkeit vertreten wird, kann jedoch nicht ohne weiteres für alle Kulturgebiete vorausgesetzt werden. Vielmehr muss der Dialog, soll er mehr sein als ein pragmatisch gebotenes Mittel friedfertiger Verständigung, als die zentrale Weise menschlichen Miteinanders angenommen werden. Der Abendländer darf nicht nur in seiner Kultur

für das Subjektsein aller eintreten, er muss die Frage des Subjektseins in außereuropäischen, zumal in asiatischen Kulturen erst ganz neu stellen.

(2) Der Dialog erlangt dort eine zentrale Bedeutung für das menschliche Miteinander, wo Weltanschauung bzw. Religion der Sprache einen zentralen Ort zuerkennen. Das ist in keinem Kulturbereich und keinem Religionsfeld so ausgeprägt wie im jüdisch-christlichen. Diese Erkenntnis schafft nicht ohne weiteres eine Situation der Überlegenheit, auch wenn das in der westlichen Welt lange so gewirkt hat, wohl aber bietet sie einen Anstoß zur *wechselseitigen* Überprüfung des menschlichen Miteinanders.

Dass auch das Abendland hier einen Lernprozess durchgemacht hat, beweist die Tatsache, dass wir inzwischen auch in postcartesianischer Zeit leben. Lange Jahre bestimmte die verkürzte Formel des französischen Philosophen René Descartes (1596–1650) „*Cogito ergo sum*“, „Ich denke, darum bin ich“, mit ihrer entschiedenen Betonung des menschlichen Ichs das neuzeitliche Bewusstsein. Erst in der Spätzeit des 20. Jahrhunderts trat an die Seite des eigenen Bewusstseins das fremde, andere Bewusstsein; mehr und mehr wurde damit das eigene Bewusstsein vom Anderen her gedacht. Jüdische Denker wie Martin Buber (1878–1965) und Franz Rosenzweig (1886–1929), besonders aber Emanuel Levinas (* 1906) veränderten nachdrücklich das Denken zum Du-Ich-Wir hin. Der Personbegriff verlor seine einseitige Betonung der Individualität und gewann als Wesenselement die innere Relationalität – innerweltlich und zwischenmenschlich, aber dann auch transzendent – hinzu. In der christlichen Theologie ist dabei das vertiefte Interesse am trinitarischen Gottesverständnis nicht zu übersehen. Auf jeden Fall führt die Betonung des relationalen Elements im Personsein dahin, dass alle diejenigen, die in einem von der Individualität geprägten Personverständnis vor allem die innere Begrenztheit der Person sahen, ihr Personverständnis überprüfen müssen. Damit wird vor allem der Dialog mit

Asien noch eine Weile beschäftigt sein. Das gilt auch für die abendländische Betonung des Subjektbewusstseins.

Wo die genannten Elemente aber in den Dialog der Religionen eingebracht werden, werden sie einmal zur Anfrage an die anderen Religionen, wie sie den Dialog aus ihren anthropologischen Prämissen begründen, sodann aber auch zur Aufforderung, sich auf die Grundmomente jeden dialogischen Verhaltens zu besinnen. Leider verhindert die verbreitete Skepsis gegenüber einem immer noch vermuteten Überlegenheits- und Absolutheitsanspruch westlichen Denkens und – darin enthalten – des christlichen Glaubens den wahren Wettstreit in der Sache. Es hilft wenig, wenn nur vermutet, nicht aber begründet wird, dass es denkerisch auch anders gehen kann. Dasselbe gilt auch, wo die grundlegenden Glaubensüberzeugungen aufeinander stoßen.

Grundlegend für jeden Dialog ist, dass den Gesprächspartnern aufgrund ihres Subjektseins gleicher Rang zuerkannt wird. Im Menschsein gibt es keine hierarchische oder wie immer sonst geartete Rangfolge. Inhalt des Dialogs aber ist letztlich nicht der Dialog als solcher. Zwar kann man sich über die konkreten Abläufe und Bedingungen, über die Intention und das zu behandelnde Problemfeld eines Dialogvorgangs vorweg verständigen. Doch der Dialog selbst lenkt in der Regel den Blick von den am Dialog Beteiligten weg auf ein Drittes, ein Projekt, das verfolgt wird, ein Problem, das zu lösen ist, eine Frage, die theoretisch oder praktisch zu klären ist. In diesem Sinne ringen Menschen verschiedener Herkunft um die großen Weltfragen wie Anfang und Ende der Welt, Sinn des Menschseins, konkret um die Armut und die gerechte Verteilung der Güter der Erde, um das rechte Verhältnis von Ökologie und Ökonomie, um Gerechtigkeit und Frieden, um die Überwindung von Konflikten, um einen ethisch verantwortlichen Umgang mit dem Leben der Menschen, mit den Anfangsprozessen und dem menschenwürdigen Ende des Lebens, mit den Grenzen menschlicher Verfügung und am Ende mit dem Unverfügbaren, den immer noch viele „Gott“ nennen.

Alle Religionen greifen in ihrer Anthropologie auf ihren Ursprung zurück. Dieser aber ist als religiöser Ursprung nicht rein historisch zu begründen, sondern bezieht sich stets auf das, was wir zuvor den unaussagbaren Kern, die „Leerstelle“ oder – in unserer Sprache – „Gott“ genannt haben. Der interreligiöse Dialog lebt folglich wesentlich aus den Erfahrungen, die Menschen – christlich gesagt – mit dem lebendigen Gott, mit der Präsenz seines Geistes in ihrem Leben und in der Welt machen. Wir sprechen daher von „spirituellen Erfahrungen“ und verbinden den Dialog mit der von Menschen gelebten Spiritualität.

Bekenntnis

Wer von seinen spirituellen Erfahrungen spricht, wird zum Zeugen und Bekenner. Zum wahren interreligiösen Dialog gehört folglich, wenn er sich nicht in einem Informationsaustausch erschöpfen soll, das Bekenntnis. Das ist schon deshalb der Fall, weil es nicht sein kann, dass Menschen, die in Offenheit und Ehrlichkeit aufeinander zugehen, ihr Kostbarstes verstecken. Wer glaubt, das Kostbarste, was er hat, verstecken zu sollen, ist entweder egoistisch, weil er nicht bereit ist zu teilen, oder nicht überzeugt. Er sollte sich also überprüfen.

Zu meinen eindrucksvollsten Erlebnissen in Indien gehört der Besuch eines Sikh-Tempels in Bangalore. Der Priester zeigte und erklärte uns eingehend an einem Sonntagmorgen den Altarraum, das heilige Buch, die Orte der Feier. Bevor er uns schließlich an der Tür verabschiedete, drückte er uns aus einem Gefäß ein Stück klebriger Masse in die Hand. Als ich zögerte und nicht wusste, was zu tun sei, sagte mein katholischer Begleiter: „Das ist *Prasad.*“ Das Wort besagt soviel wie Gottes Gnade und Wohlwollen. In seiner Materialität stammte *prasad* aus dem Opferritual des Morgens. In gewissem Sinne nahm der Priester uns hinein in das Opfergebet, das er am Morgen dargebracht hatte. Es war eine Art Kommunion, die er mit uns vollzog, indem er uns in das Kostbarste hineinzog, das er uns geben konnte. Es war – in englischer Sprache gesagt – ein *sharing,* ein Teilgeben an dem, was ihm wichtig war. Im Gedenken an jenes Ereignis bin ich sicher, dass mancher Asiate, der in einem Sonntagsgottesdienst vor mir steht und die Hand zur Kommunion öffnet, die Predigt von der Eucharistie als die Verkündigung von *prasad* versteht und deshalb wie selbstverständlich ein *sharing* mit dem vollzieht, was Christen offensichtlich das Wertvollste ist.

Leider legt sich das historisch-rationale Denken in unseren Breiten häufig wie ein Raureif auf das christliche Bekenntnis. Wie früher schon gesagt, ist eine Wurzel der derzeitigen Kirchenkrise der Bruch zwischen den theologischen Reflexionen und ihren hermeneutischen Bemühungen einerseits und den religiösen Übungen, der sakramentalen und der übrigen Frömmigkeitspraxis andererseits. Wo die religiöse Praxis weitgehend auf Reflexionen verzichtet, steht sie in der Gefahr, mehr und mehr dem Fundamentalismus zu verfallen. Theologische Reflexionen ohne Praxis aber zeigen die Tendenz, aus der Theologie eine christliche Religionswissenschaft werden zu lassen, in der die christliche Botschaft keinen Standpunkt mehr schafft und kein Engagement mehr erzeugt. An dieser Stelle müssen christliche Teilnehmer des interreligiösen Dialogs es sich gefallen lassen, dass sie auf das Verhältnis von Dialog und Bekenntnis hin angesprochen werden. Wo es zu existentiellen Begegnungen kommt, eröffnen sich auch die Möglichkeiten zur Bekehrung.

Bekehrung

Alle Religionen leben daraus, dass sie in einer von Leiden, Katastrophen und Schuld geprägten Welt eine Botschaft der Befreiung verkünden und Wege anzeigen, wie Menschen zu dieser gelangen können. Das Neben- und Miteinander von vielen solcher Botschaften führt einmal – wie im Jüngerstreit um die ersten Plätze in der Gottesherrschaft, die Jesus verkündete (vgl. Mk 9,33–37par.) – zu einem Streit um die Gültigkeit der Botschaften. Sodann aber ist zu beachten, dass die zuvor besprochene Möglichkeit der Übersetzung in andere Sprachen auch den existentiellen Wechsel in eine andere Religion einschließt. Man kann sogar sagen, dass die existentielle Seite der Religion heute mehr und mehr den Vorzug erhält gegenüber den objektiven Prägungen, die Menschen in der Geschichte einer Religion bzw. der Religionen zueinander finden. Letztere sind, auch wenn sie das offizielle und öffentliche Zueinander der Religionen bestimmen, im Miteinander der Menschen immer mehr von nachgeordneter Bedeutung.

„Bekehrung“ – lat. *conversio*, griech. *metanoia* = Umdenken – ist zunächst Ausdruck eines radikalen Standortwechsels. Das heißt: Menschen, die sich bekehren, verlassen – zumindest äußerlich – ihren ursprünglichen Standpunkt und wechseln zu einem anderen, der ihnen dann maßgeblich wird. Dieser Wechsel selbst kann unterschiedlich motiviert sein. Der einfachste Fall ist da gegeben, wo ein Mensch nach langem Suchen erklärt: Nachdem ich bisher nicht wusste, wo ich stehe, habe ich endlich meinen Standpunkt gefunden. Es gibt sodann viele Bekehrungen, bei denen der Sich-Bekehrende einen Standpunkt hatte, nun aber den Eindruck gewinnt, er verlasse gar nicht seinen ursprünglichen Standpunkt, sondern radikalisiere ihn nur. Manch einer, der sich vom Christentum zum Islam bekehrt, hat so z.B. das Gefühl, dass er erst im Islam die volle Wende zu Gott hin vollzieht und dass erst der Moslem Gott Gott sein lässt. Nicht

Anthropozentrik macht ihm dann die Mitte der Religion aus, sondern Theozentrik.[58]

Eine solche Radikalisierung kann sich auch dort ereignen, wo in der Leugnung der Menschwerdung Gottes und in der Absage an die Personalität Gottes Gott anscheinend alle Züge genommen werden, die ihn eher anthropomorph, also als ein überhöhtes Wesen mit menschlichen Zügen erscheinen lassen. Demgegenüber scheint dann das Göttliche oder – wie es John Hick, einer der Hauptvertreter der pluralistischen Religionstheologie, umschreibt – *the Real* größer als der personale Gott. Das ist leicht zu verstehen, wenn die Personalität immer noch vorrangig von der Individualität her verstanden und diese weniger in ihrer unsagbaren Einzigkeit als von ihrer Begrenztheit her gesehen wird. Übertragen auf die Gestalt Jesu, würde Jesus vor allem in seiner begrenzten Menschlichkeit, nicht aber in seiner unendlichen Göttlichkeit gefasst werden. Auf eine Formel gebracht, wird dann unterschieden zwischen dem *totus Deus,* Jesus, der – trotz seiner Begrenztheit – ganz Gott ist, und *totum Dei,* der Totalität Gottes, die selbst die Grenzen eines *totus Deus* übersteigen muss.

Bekehrungen sind einmal Prozesse der Vertiefung des gegangenen Weges, sodann Ergebnisse von Ablösungsprozessen unter gleichzeitiger Hinkehr zu neuen Grundlegungen des Lebens und neuen Sinnfindungen, schließlich einfach Entdeckungen auf dem Suchweg des Lebens, die zu Neuorientierungen und damit zu einer neuen Lebensausrichtung führen.

Es gehört aber dann auch zum heute verbreiteten menschlichen Verhalten, dass Menschen sich inzwischen aus dem Reservoir verschiedener Religionen das aneignen, was ihnen in ihrem eigenen Leben sinnvoll erscheint. Zudem sind immer weniger die historischen Fakten einer Religionsgeschichte von Bedeutung als die Ausstrahlung bestimmter religiöser Persönlichkeiten wie Mutter Teresa, die Päpste Johannes XXIII. und Johannes Paul II., sodann der Dalai

Lama. Interessant ist, dass für Mahatma Gandhi die Historizität Jesu eher nebensächlich war; die Bergpredigt allein hatte für ihn schon soviel Ausstrahlungskraft, dass sie lebensprägend wirkt.

Konkurrenz der Religionen

Umso ärgerlicher wirkt auf viele Menschen der heutige Streit zwischen den Religionen, in dem einzelne Grundpositionen rechthaberisch vertreten werden. Diese Haltung steigert sich da, wo eine Religion den anderen die Vermittlung von Heil abspricht. Katholischerseits hat diese Haltung lange in dem bekannten Satz: *„Extra Ecclesiam nulla salus"* (*„Außerhalb der Kirche kein Heil"*) ihren Ausdruck gefunden. Inzwischen tritt an die Stelle dieses Satzes der andere: *„Extra Christum nulla salus"* (*„Außerhalb von Christus kein Heil"*). Freilich werden beide Sätze kaum noch exklusivistisch, sondern – wenn schon – dann inklusivistisch verstanden. Dabei greift inzwischen eine interessante Variante um sich: die Rede von einer *wechselseitigen* Inklusivität.[59]

Eine *wechselseitige Inklusivität* hat der pluralistischen Religionstheologie voraus, dass verschiedene „Stellung-Nahmen" nicht nur zur Kenntnis genommen, sondern in Beziehung zueinander gesetzt werden. Menschen unterschiedlicher Standpunkte öffnen sich in der *wechselseitigen* Inklusivität füreinander – und das auf eine Weise, dass sich die verschiedenen Heilsverständnisse bis zum wirklichen Erweis ihrer Unvereinbarkeit im existentiellen Vollzug nicht grundsätzlich ausschließen. Demgegenüber begnügen sich die Vertreter der pluralistischen Theorie mit der Feststellung einer faktisch vorhandenen Pluralität von Standpunkten, ohne sie gegeneinander abzuwägen. Bei genauer Betrachtung ist eine solche Einstellung undialogisch, zumal außer freundlicher Wahrnehmung sonst nicht viel voneinander erwartet wird.

Die wohl bekannteste Kategorie der hier gemeinten Inklusivität ist von Karl Rahner ins Spiel gebracht worden und lautet *„anonym"*. Was zunächst von Christen und vom Christsein ausgesagt wurde, hat in der Folgezeit die Rede von „anonymen Buddhisten" und „anonymem Buddhistsein", ja selbst von „anonymen Atheisten" und „anonymem Atheistsein" provoziert. Die vordergründige Neutralisierung der Übertragung des eigenen Namens auf einen anderen, fremden Standpunkt lässt diesen einerseits voll bestehen und schließt andererseits die Öffnung des Anderen für die Kostbarkeit des eigenen Standpunkts ein. Aus einer solchen Haltung ergeben sich zum hier besprochenen Verhältnis Christi zu den Religionen eine Reihe praktischer Konsequenzen, die Vertreter anderer Religionen für ihren Standpunkt prüfen können.

Christusglaube und Religionendialog

Wir fassen das Ergebnis unserer Überlegungen in einigen erläuterten Thesen zusammen:

(1) *Der Glaube an Jesus Christus, „wahrer Gott und wahrer Mensch"*: Im Gegenüber zu anderen Religionen und ihrem Heilsangebot gibt es keinen Anlass, dass Christen an ihrem Christusglauben Abstriche machen. Grundüberzeugung der Christen ist es, dass Gott selbst sich in Jesus von Nazaret ein für allemal radikal, total und unüberbietbar kundgetan hat und dass das Einlassen auf Jesu Leben und Sterben Weg zum Heil ist. Was in Jesus von Nazaret angeboten wird, gilt allen Menschen. Den Glauben an Gottes Selbstmitteilung und äußerste Selbstentäußerung in Jesus Christus können und müssen die Christen als kostbarstes Vermächtnis in ihrem Leben bezeugen und dabei verkündigen, dass wir in dem „wahren Menschen Jesus" dem „wahren Gott" begegnen.

• In der Theologie ist an dieser Stelle – zumindest katholischerseits – immer wieder zu prüfen, wie man mit Aussagen des kirchlichen Lehramtes umgeht. Man kann sich nicht einfach auf die Pluralität von neutestamentlichen christologischen Ansätzen und auf die heutige Mehrzahl von Christologien berufen, ohne zu den in konziliaren Aussagen zu normativen Eckpunkten gewordenen Sätzen Stellung zu beziehen. Die Frage binnenkirchlicher Autorität ist hier gleichfalls zu thematisieren.

• Zu beachten ist ferner, dass sich im Blick auf den Menschen Jesus von Nazaret das Gottesverständnis ändert. Er, der so fern erscheint und jenseits der Welt existiert, kommt uns nah und wird Teil der Welt. Er der Allmächtige teilt in Jesus Christus die Ohnmacht der Geschöpfe. Die Geschöpfe, die mit leeren, offenen Händen vor Gott stehen, finden hier ihrerseits ihre Erfüllung in dem lebendigen Gott.

Offene Hände sind aber durchaus Thema anderer Religionen. Berühmt ist die 10., die Endstation des zuvor zitierten zen-buddhistischen *Der Ochs und sein Hirt.* Was sie für den interreligiösen Dialog bedeutet, ist noch kaum ausgeschöpft. Die Überschrift der 10. Station lautet: *Das Hereinkommen auf den Markt mit offenen Händen.* In drei Lobgesängen wird das Bild des Erleuchteten auf dem Markt besungen:

I

Mit entblößter Brust und nackten Füßen kommt er herein auf den Markt.
Das Gesicht mit Erde beschmiert, der Kopf mit Asche über und über bestreut.
Seine Wangen überströmt von mächtigem Lachen.
Ohne Geheimnis und Wunder zu mühen, läßt er jäh die dürren Bäume erblühen.

II

Freundschaftlich kommt dieser Kerl aus einem fremden Geschlecht.
Bald zeigt sein Gesicht deutlich die Züge des Pferdes, bald die des Esels.
Schwingt er einmal den eisernen Stab schnell wie der Wind …
Öffnen sich jäh geräumig und weit Türe und Tor.

III

Gerad ins Gesicht springt aus dem Ärmel heraus der eiserne Stab.
Bald spricht er hunnisch, bald chinesisch, mit mächtigem Lachen auf seinen Wangen.
Wenn es ein Mensch versteht, einem Selbst zu begegnen und unbekannt ihm zu bleiben -
Wird sich weit das Tor zum Palaste öffnen.

(2) *Einladung, nicht Urteil*: Die Bezeugung und Verkündigung Jesu Christi ist kein Urteil über andere, sondern eine Einladung an alle, den Ruf zum gottgeschenkten Heil zu vernehmen und das Heil anzunehmen.

• Zu lange ist aus dem christlichen Selbstverständnis heraus von Christen über Nichtchristen geurteilt worden. Inzwischen ist es einhellige Meinung der Kirche, dass „Gott Menschen, die das Evangelium ohne ihre Schuld nicht kennen, auf Wegen, die er weiß, zum Glauben führen kann" (*Ad gentes* Nr. *7;* vgl. *Lumen gentium* Nr. 16). Welche Rolle den Religionen in der Vermittlung des Heils zukommt, bedarf weiterer Klärungen. In *Dominus Iesus* wie auch in der *Notificatio* zu P. Dupuis ist aber über die allgemeinen Aussagen zur Heilsberufung aller Menschen hinaus auch von den Religionen selbst die Rede. So heißt es in *Dominus Iesus* Nr. 8 unter Berufung auf *Dei verbum* Nr. 11, dass Gott nicht aufhört, „sich auf vielfältige Weise gegenwärtig zu machen, ‚nicht nur dem einzelnen, sondern auch den Völkern im Reichtum ihrer Spiritualität, die in den Religionen ihren vorzüglichen und wesentlichen Ausdruck findet'". Hier kann man die zumeist beigegebenen salvierenden Ausdrücke wie die Verweise auf „Lücken, Unzulänglichkeiten und Irrtümer" schon deshalb unberücksichtigt lassen, weil stets eine Gegenrechnung für das Christentum in seinen geschichtlichen Formationen aufgemacht werden kann.

• Allerdings hilft die immer wieder versuchte Ablösung der „vielfältigen Weisen" göttlicher Gegenwart von der in Christus gewählten Weise der Präsenz schon deshalb nicht viel, weil die Menschheitsgeschichte *eine* ist und die historische Präsenz Gottes in Jesus Christus unabhängig von der subjektiven Einstellung des einzelnen Menschen zur *realen* Prägung der Menschheitsgeschichte geworden ist. Wo Menschen sich *in* der Geschichte entscheiden, tun sie es immer vor dem Horizont der *ganzen* Geschichte.

• Wenn somit die Bezeugung und Verkündigung Jesu Christi durch die Christusgläubigen – im Gegensatz zu lange vermittelten Eindrücken – ebenso wenig ein Urteil über den Heilsstand von Nichtchristen wie über die Bedeutung der Religionen darstellen, so sind sie doch immer eine Einladung. Auf dem Einladungscharakter der Verkündigung ist schon deshalb zu bestehen, weil Menschen berufen sind, sich in Freiheit zum Weg ihres Lebens zu entscheiden.

(3) *Wechselseitige Einladung*: Jede wahre Religion möchte in ihrer Heilsbotschaft Menschen auf den Weg rufen, der zum Heil führt; deshalb bleibt die Möglichkeit wechselseitiger Einladung genauso bestehen wie die Möglichkeit der gegenseitigen Einschätzung.

• Zu den Voraussetzungen jedes interreligiösen Dialogs gehört der Wille, den jeweils Anderen so zu sehen, wie er sich selbst sieht, und einander Anteil zu geben an dem, was einem jeden wertvoll und kostbar ist. Entsprechend sollte die wechselseitige Einladung vorrangig der gegenseitigen Bestärkung dienen. Allen Religionen gemeinsam ist die Aufgabe, an der Erneuerung einer umfassend heilsbedürftigen Welt mitzuwirken.

• Die Zusammenarbeit an der gestellten Aufgabe schließt aber nicht aus, dass Religionen unterschiedlich motiviert sind. Die Motivationen stellen ihrerseits gegenseitige Herausforderungen dar und bieten Anlass zur Selbstüberprüfung. In diesem Sinne kann sich auch das Christentum mit seinem auf Jesus Christus begründeten Heilsverständnis in den Dialog einbringen.

• Christen sollten darauf achten, dass sie die Faktizität und Bedeutung Jesu Christi nicht unter Berufung auf Denk*möglichkeiten* relativieren dürfen. Für den konkreten Dialog gilt, was Religionen aus ihrer je *faktischen* Historizität in die Argumentation einbringen. Wer das beachtet, kann gut auf die Rede von Absolutheitsansprüchen verzichten.

(4) *„Zur Freiheit berufen"* (Gal 5,13): Weil Dialog und Bekenntnis ihren Ort in der freien Begegnung von Menschen haben, sind beide auch Sache von Menschen, die sich zur Freiheit berufen wissen und sich folglich in Freiheit dem von Gott geschenkten Heil öffnen.

• Mit der Berufung auf die Freiheit erinnern wir an die Mitte jenes Grundzuges menschlichen Daseins, das den Menschen im Pluralismus heutiger Welterfahrung prägt. Wo Menschen sich auch religiös auseinandersetzen, kommen sie nicht umhin, nach den Grundzügen ihres Menschenverständnisses zu fragen.

• Gerade wenn die Freiheit heute in besonderer Weise hoch geschätzt wird, sind die Grenzen des Menschseins und damit auch der Freiheit nicht zu übersehen. Freiheit steht einmal Ordnungsvorstellungen gegenüber, andererseits aber auch der Erfahrung, dass Freiheit selbst ein Geschenk darstellt, in theologischer Sprache gesagt: Gnade ist. Wo aber von Gnade gesprochen wird, ist direkt oder indirekt die Sprache von Gott.

(5) *Solidarisch mit allen Menschen, offen für das Unver-*

fügbare bzw. für Gott: Am stärksten finden die Vertreter der Religionen zueinander, wo sie sich solidarisch für alle Menschen in ihren verschiedenen Nöten einsetzen. Gemeinsamkeit schafft auch die Offenheit für das dem Menschen Entzogene und in säkularisierter Gesellschaft „das Unverfügbare" Genannte. Ungezählte Menschen rufen auch heute noch in dieser Situation nach Gott, kommen im Gebet zum Dialog mit Gott.

- Eine Weise gemeinsamer Wegsuche und gemeinsamen Weggeleites setzt beim Menschen an und sucht nach den Grundlagen des *Humanum*. Insofern diese Suche weniger eine rein theoretische Aufgabe darstellt, sondern sich praktisch im Umgang mit menschlichen Nöten ereignet, steht die Bemühung um das Menschsein und seine Rettung im Vordergrund gerade auch des interreligiösen Dialogs.
- Zur Grundeinsicht aller Religionen gehört es, dass die Rettung letztendlich ein Geschenk ist. Das besagt, dass Menschen über ihre eigenen Begrenztheiten hinwegzuschauen haben und dabei anerkennen, dass es eine nichtmenschliche („non-anthropozentrische") Mitte und einen Kern gibt, der sich der menschlichen Verfügung entzieht und somit das Unverfügbare ist.
- Dem widerspricht nicht der weitere Schritt, dass Menschen bekennen, dass das Unverfügbare sich dem Menschen geoffenbart und sich ihm mitgeteilt hat, so dass er dem Unverfügbaren in der Anrufung Gottes antworten, ja Gott ansprechen kann. Hier stellt sich heute – wie es angesichts des Friedensgebets von Assisi geschah, zu dem 1986 Papst Johannes Paul II. führende Vertreter aus den verschiedenen Religionen der Welt eingeladen hatte[60] – die Frage, wieweit Menschen unterschiedlichen Glaubens gemeinsam Gott anrufen können. Dass Gott sich offenbart und das überall tut, ist nicht einfach vorauszusetzen, wenn man auch Gottes Freiheit ernst nimmt.

(6) *In Gebet und Schweigen vor dem lebendigen Gott*: Ob Menschen unterschiedlichen Glaubens miteinander beten

können, hängt davon ab, wie nahe ihnen bewusstseinsmäßig der sich uns mitteilende und uns zur Antwort befähigende Gott ist. Immer können Menschen gemeinsam vor und in Gott schweigen.

- Juden und Christen können schon deshalb miteinander beten, weil das Gebetbuch der Juden, das Buch der Psalmen, auch das Gebetbuch Jesu war. Zahlreiche offizielle Gebetstexte der christlichen Kirchen stammen aus dem Judentum. Auch der Wochenrhythmus bleibt – selbst wenn der christliche Sonntag, der Tag der Auferstehungserfahrung, nach dem alten jüdischen Rhythmus der erste Wochentag war – an die jüdische Zeiteinteilung gebunden.[61]
- Wo Muslime und Christen in Allah und im Gott Jesu Christi denselben Gott verehren, gibt es zumindest Ansätze zu einem gemeinsamen Gebet.
- Selbst wo das Gottesbild auf unterschiedliche Weise vom monotheistischen Gottesverständnis abweicht, bleibt, solange der Mensch sich für den unendlichen, unverfügbaren Gott offen hält, der Weg gemeinsamen Schweigens. Schweigeübungen sind immer Weisen der Öffnung und der Suche innerer Weite. Auch das Schweigen, das heute in vielen Formen meditativer Versenkung wie gottesdienstlicher Übungen einen Ort hat, lässt zu, dass einzelne Menschen das Schweigen brechen und in das Schweigen hinein laut und vernehmlich rufen. Der Raum innerer wie äußerer Gottbegegnung ist größer, als menschliche Phantasie sie sich erdenken kann.
- Christen können da für eine stärkere Gemeinsamkeit religiöser Menschen in der Welt werben, wo sie tiefer in das Geheimnis eines Gottes eindringen, der sich selbst in der historischen Gestalt des Jesus von Nazaret heilend und befreiend auf diese Welt eingelassen hat. Dieses Geheimnis aber müssen Christen im Sinne des „außerhalb des Stadttores“ (vgl. Hebr 13,12) „aus-gesetzten“ Zeichens des Kreuzes als „heraus-fordernde“ Einladung der Welt vermitteln. Wie sonst könnten sich die Worte des Epheserbriefes

2,13–18 erfüllen, die dort von Juden und „Heiden“, also den „Völkern“, handeln:

> „Er vereinigte die beiden Teile und riss durch sein Sterben die trennende Wand der Feindschaft nieder …
> Er stiftete Frieden und versöhnte die beiden durch das Kreuz mit Gott in einem einzigen Leib …
> Er kam und verkündete den *Frieden: euch, den Fernen, und uns, den Nahen.*
> Durch ihn haben wir beide in dem einen Geist Zugang zum Vater.“

Der Blick auf den gekreuzigten Jesus von Nazaret, den Christus in seiner Ohnmacht, müsste Christen mahnen, so mit Menschen, die nicht auf Christus setzen, wenn sie um ihr Heil bemüht sind, umzugehen, „dass das Kreuz Christi nicht um seine Kraft gebracht wird“ (1 Kor 1,17). Mit dem Pauluswort zur Verkündigung des Kreuzes Christi erinnern wir mit Kosuke Koyama daran, dass dieses „keinen Handgriff“ hat. Wo Menschen in der Welt ihr Heil finden, wird es ihnen geschenkt. Menschen sollten sich aber nicht gegenseitig im Wege stehen, sondern miteinander bemüht sein, das Wort von der Versöhnung zu hören, den Frieden zu bewirken, das Glück zu finden und Licht, Freiheit und Heil zu empfangen. Wo Menschen sich darin nicht gegenseitig behindern, sondern mithelfen, Wege zu eröffnen, die zum Heil führen, sind sie am Ende dazu befähigt, *miteinander* Lieder des Dankes und des Lobes zu singen.

Anmerkungen

[1] Die Literatur wird, sofern sie ausführlich unter der weiterführenden Literatur aufgeführt wird, im Text nur mit Namen des Autors und dem Erscheinungsjahr in Klammern bzw. dem im Literaturverzeichnis angegebenen Kürzel, z. B. KF, zitiert.

[2] Vgl. dazu *M. J. Rainer* (Hg.), DOMINUS IESUS – Anstößige Wahrheit oder anstößige Kirche? Dokumente, Hintergründe, Standpunkte und Folgerungen im systematischen Überblick, Münster 2000. Leider gibt es in den verschiedenen Beiträgen nirgends den Versuch einer Ortung des Dokumentes. Von P. Dupuis ist folglich keine Rede.

[3] Vgl. *W. Gössmann,* Kulturchristentum. Die Verquickung von Religion und Literatur in der deutschen Geistesgeschichte, Düsseldorf 1990. Unter dieser Rücksicht sind auch die neueren religionswissenschaftlichen Versuche zu prüfen, die das Christentum als eine Religion unter anderen darstellen.

[4] *K. Jaspers,* Der philosophische Glaube angesichts der Offenbarung, München ²1963, 53f.

[5] Zur Einordnung Jesu bzw. zum außerkirchlich/außerchristlichen Jesusverständnis vgl. ausführlicher *H. Waldenfels,* Kontextuelle Fundamentaltheologie (= KF), Paderborn ³2000, 223–247; dort auch Literaturangaben zu einzelnen Autoren.

[6] Vgl. den ausführlichen Katalog von *J.-H. Martin* (Hg.), altäre – Kunst zum Niederknien, Ostfildern/Ruit 2001.

[7] Vgl. *P. Antes* (Hg.), Große Religionsstifter, München 1992. Außer den Genannten werden dort noch Zarathustra, Mani und Nānak behandelt.

[8] Der Koran. Übersetzung von *R. Paret,* Stuttgart u. a. (1966) 1979; vgl. *ders.,* Der Koran. Kommentar und Konkordanz, Stuttgart ²1977.

[9] Vgl. *K. Jaspers,* Die großen Philosophen 1, München 1957, 227.

[10] Vgl. *u. a. E. Biser,* Glaubensprognose. Orientierung in postsäkularistischer Zeit, Graz 1991; ders., Die Entdeckung des Christentums. Der alte Glaube und das neue Jahrtausend, Freiburg 2000.

[11] Dem entspricht, was *G. Gäde* ([1998] 360) in seiner Anknüpfung an Hebr 1,1f. herausarbeitet: Gott spricht viele Male und auf vielerlei Weisen, „so oft und so vielfältig, wie es Menschen gibt“, und doch ist es nur *ein* Wort: das Wort, das er „zu uns gesprochen (hat) durch seinen Sohn“.

[12] Vgl. *Th. Ruster,* Der verwechselbare Gott. Theologie nach der Entflechtung von Christentum und Religion, Freiburg 2000; dazu *H. Waldenfels,* Christentum und Religionen. Der Gott Jesu – Gott – andere Götter: Edith Stein-Jahrbuch 2001. Bd. 2: Die Weltreligionen. Zweiter Teil, Würzburg 2001, 71–81.

[13] Vgl. *H. Kochanek* (Hg.), Die Botschaft der Mystik in den Religionen der Welt, München 1998.

[14] Upanishaden. Befreiung zum Sein. Ausgewählt und übersetzt von *B. Bäumer.* Vorwort von *R. Panikkar.* Zürich/Einsiedeln/Köln 1986.
[15] *Laotse,* Tao te king. Das Buch des Alten vom Sinn und Leben. Aus dem Chinesischen übertragen und erläutert von *R. Wilhelm.* Düsseldorf/Köln 1957.
[16] Vgl. *H. G. Kippenberg,* Die Entdeckung der Religionsgeschichte. Religionswissenschaft und Moderne, München 1997.
[17] Vgl. Art. „Hinduismus/Hindu-Religionen" (*H. von Stietencron*): *H. Waldenfels* (1999) 288–296.
[18] Vgl. *A. Pieris,* Theologie der Befreiung in Asien. Christentum im Kontext der Armut und der Religionen, Freiburg 1986, 80f. 155f. u. ö.
[19] Vgl. *H. Waldenfels* (1990); (1997).
[20] Da es den Rahmen dieses Buches sprengen würde, wenn wir uns auch nur den wichtigsten Großreligionen zuwenden würden, bieten wir in kurzen Texten wenigstens einen ersten Zugang zu Basistexten aus den Heiligen Schriften der Religionen.
[21] Vgl. *W. Kasper,* Glaube und Geschichte, Mainz 1970, 136f.
[22] In diesem Sinne argumentiert *G. Greshake* (1997) 47–216, deutlich seine These: 173.
[23] Vgl. *K. Nishitani,* Was ist Religion?, Frankfurt 1982, 91ff. 97. 99–141 u. ö., das folgende Zitat: 130.
[24] Vgl. das berühmte Mémorial *Blaise Pascals*; dazu KF 152f.
[25] Das Gesagte findet sich im genannten Werk ausführlicher v. a. 147–186, das Zitat: 184.
[26] Vgl. hierzu ausführlicher *H.-Th.Homann,* Das funktionale Argument. Konzepte und Kritik funktionslogischer Religionsbegründung, Paderborn 1997.
[27] Vgl. Der Ochs und sein Hirte. Eine altchinesische Zen-Geschichte. Erläutert von Meister *Daizohkutsu R. Ohtsu.* Mit japanischen Bildern aus dem 15. Jahrhundert. Übersetzt von *K. Tsujimura* und *H. Buchner,* Pfullingen ²1973.
[28] Vgl. *A. Grillmeier/H. Bacht* (Hg.), Das Konzil von Chalkedon. Geschichte und Gegenwart, Würzburg 1954, III; nachgedruckt unter dem Titel: Probleme der Christologie heute: *K. Rahner,* Schriften zur Theologie I 169–222; nachfolgendes Zitat im Text: 169.
[29] Vgl. *G. M. Hoff,* Chalkedon im Paradigma Negativer Theologie. Zur aporetischen Wahrnehmung der chalkedonensischen Christologie: ThPh 70 (1995) 355–372. *W. Kasper* spricht von „eine(r) das Geheimnis wahrende(n) *christologia negativa*" (vgl. ebd. 367).
[30] Zur Diskussion um die Präexistenz Christi vgl. *R. Laufen* (Hg.), Gottes ewiger Sohn, Paderborn 1997; dort weitere Lit.
[31] Vgl. dazu meine Aufsätze in: (1997) Teil I.
[32] *Th. Schneider* (Hg.), Handbuch der Dogmatik I, Düsseldorf 1992, 353; dort zum Konzil: 350–358.
[33] Vgl. *K. Kitamori,* Theologie des Schmerzes Gottes, Göttingen 1972.
[34] Vgl. dazu ausführlicher *H. Waldenfels,* Absolutes Nichts. Zur

Grundlegung des Dialogs zwischen Buddhismus und Christentum, Freiburg [3]1980, 155–207; ders. (1997) 204–220. 265–281.

[35] *J. Ratzinger,* Einführung in das Christentum. Vorlesungen über das Apostolische Glaubensbekenntnis, München (1968) Neuauflage 2000, 173.

[36] *W. Kasper,* Jesus der Christus, Mainz 1974, 130.

[37] „Ontisch" heißt hier „real gegeben", „ontologisch" „reflektiert in das Wort bzw. den Begriff gebracht".

[38] In deutscher Übersetzung erschienen als: Arbeitshilfe 136, hg. vom *Sekretariat der Deutschen Bischofskonferenz*, Bonn.

[39] An dieser Stelle ist auch die von *G. Gäde* (1998) vertretene Distanzierung von der inklusiven Sicht der Dinge weniger überzeugend, als es auf den ersten Blick erscheint. Gerade wenn es keinen Meta-Standpunkt, also einen Standpunkt jenseits und überhalb aller konkreten Standpunkte gibt, bleibt der eigene Standpunkt derjenige, von dem aus der einzelne Gesprächspartner auf andere zugeht. Was Gäde von anderen inklusiv denkenden Theologen unterscheidet, ist die Tatsache, dass er für andere Menschen außerhalb des Christentums weniger einschließend als raumgebend eintritt, so dass sie den einen Gott, dessen Wort Jesus Christus *ist,* vielerorts, also auch jenseits der Grenzen des Christentums und der Kirche entdecken können. Das aber kann Gäde nur deshalb vertreten, weil er an das in Jesus Christus an die Welt ergangene Wort Gottes glaubt.

[40] Eine ausgreifende Darstellung der gegenwärtigen Situation der Christologie aus amerikanischer Sicht bietet *R. Haight,* Jesus Symbol of God, Maryknoll/N. Y. 1999. Wo der kirchliche, in lehramtlichen Äußerungen autorisierte Glaube aber zu *einer* Weise der Glaubensdarstellung unter anderen wird und eine rein auf historischen Erörterungen gründende Christologie „von unten" zur Norm und zum Maßstab gemacht wird, verliert die in konziliaren Texten vermittelte Sohnes-Christologie ihre normative Autorität.

[41] Ein klassisches Beispiel ist die große Arbeit von *P. Schmidt-Leukel,* Theologie der Religionen. Probleme, Optionen, Argumente, Neuried 1997, in der der Autor von John Hick her für eine pluralistische Religionstheologie eintritt und abschließend prüft, ob unter den von ihm vertretenen Prämissen Chalkedon sich mit seinem Christus-Verständnis bewährt.

[42] Lesenswert ist in diesem Zusammenhang die Neuausgabe von *J. Hick*, Gott und seine vielen Namen, Frankfurt 2001. *P. Schmidt-Leukel* macht in seiner Einführung in das Gesamtwerk Hicks (179–209) deutlich, dass dieser die Zwei-Naturen-Lehre im Laufe seiner Entwicklung hinter sich gelassen hat (vgl. 200–203).

[43] Zu beiden Konzeptionen *K. Rahner,* Schriften zur Theologie V 136–158; dazu *H. Waldenfels* (1990) 53–74.

[44] Vgl. zur Reinkarnationslehre *H. Kochanek,* Reinkarnation oder Auferstehung? Konsequenzen für das Leben, Freiburg 1992; *H. Waldenfels* (1997) 335–360; *W. Zander,* Geschichte der Seelenwanderung in

Europa. Alternative religiöse Traditionen von der Antike bis heute, Darmstadt 1999; *W. Halbfass,* Karma und Wiedergeburt im indischen Denken (= Diederichs Gelbe Reihe 161), Kreuzlingen/München 2000.

[45] Zitiert nach *J. Mehlig* (Hg.), Weisheit des alten Indien. Bd. 2., München 1987, 115–122.

[46] Zur Diskussion der Fragen vgl. u. a. Art. „Leid, Leiden" (*F. Hermanni/H. Bürkle/E. Haag/H. Waldenfels/G. Haeffner/A. Standop*): LThK[3] VI 780–786; *W. Oelmüller* (Hg.), Leiden, Paderborn 1986; *A. Kreiner*, Gott im Leid? Zur Stichhaltigkeit der Theodizee-Argumente, Freiburg 1998; *P. Koslowski/F. Hermanni* (Hg.), Der leidende Gott. Eine philosophische und theologische Kritik, München 2001.

[47] *W. Rössner,* Der nahe und der ferne Gott. Nichttheologische Texte zur Gottesfrage im 20. Jahrhundert, Berlin 1981, 9f.

[48] Vgl. *A. M. Haas,* Gottleiden – Gottlieben, Frankfurt 1989.

[49] Vgl. *W. Beinert,* Tod und jenseits des Todes, Regensburg 2000, 90–117.

[50] Untersuchungen zur Begründung und zu den Konsequenzen einer christlichen Eschatologie, München 1964 u. ö.

[51] Vgl. zum doppelten Lebensverständnis im neutestamentlichen Kontext KF 392f.

[52] Vgl. den Blockartikel „Heil/Heilsweg": *H. Waldenfels* (Hg.), Lexikon der Religionen (= LRel). Freiburg [4]1999, 243–255 mit Beiträgen von *H. Waldenfels, H. v. Stietencron, M. v. Brück, R. Malek, W. Breuning, P. Antes.*

[53] Vgl dazu *H. Waldenfels,* Die Heilsbedeutung nichtchristlicher Religionen nach katholischem Glaubensverständnis: *W. Kerber* (Hg.), Religion: Grundlage oder Hindernis des Friedens?, München 1995, 217–240; *ders.,* Heilsvorstellungen in den Religionen: Internationale Katholische Zeitschrift Communio 25 (1996) 298–309.

[54] Vgl. zur Gottesfrage auch *H. Waldenfels,* Gott. Auf der Suche nach dem Lebensgrund, Leipzig [2]1997.

[55] Vgl. zum Offenbarungsverständnis ausführlicher *H. Waldenfels,* Einführung in die Theologie der Offenbarung, Darmstadt 1996; auch KF 181–202.

[56] Zitiert nach *J. Mehlig* (Hg.), Weisheit des alten Indien. Bd. 1., München 1987, 67–76.

[57] Vgl. zum Folgenden ausführlicher *H. Waldenfels* (1997) Teil I.

[58] Die sich im neuzeitlichen Europa ausbreitende dezidierte Anthropozentrik, die bis in die Theologie Einzug gehalten hat, wird nicht nur im Islam, sondern auch nachdrücklich in Asien kritisiert. Vgl. u. a. *R. A. Mall,* Mensch und Geschichte. Wider die Anthropozentrik, Darmstadt 2000.

[59] Das Werk von *G. Gäde* (1998), das im Übrigen hohe Zustimmung verdient, überzeugt freilich nicht, wo er in gleicher Weise gegen Exklusivität wie Inklusivität polemisiert, ohne seine eigene, nicht mit der pluralistischen Religionstheologie zu verwechselnde Position zu

benennen. Gerade weil der Christ, wo er in den Religionendialog eintritt, dies nicht von einem neutralen Standpunkt aus tut, sondern aus seiner christlichen Überzeugung heraus, setzt er die anderen notwendig in Beziehung zu ihr. Das muss jedoch nicht vereinnahmend geschehen, sondern in Offenheit für die anderen. Gäde steht mit seinem Ansatz jedenfalls dem inklusiven Standpunkt näher als dem pluralistischen. Wichtig ist aber dann, dass Christen – bei aller normativen Rückbindung an den eigenen Glaubensstandpunkt – dennoch bereit sind, die anderen, soweit möglich, von deren, also vom fremden Standpunkt aus zu sehen. Das muss er freilich auch umgekehrt von seinen Gesprächspartnern erwarten dürfen.Vgl. dazu KF 423–427. Daraus entsteht eine *wechselseitige Inklusivität,* die jedenfalls der reinen Inklusivität viel von ihrer vermeintlichen Überheblichkeit nimmt.

60 Vgl. Die Friedensgebete von Assisi. Einleitung von *Franz Kardinal König*. Kommentar von *H. Waldenfels*, Freiburg 1987.

61 Vgl. dazu *A. Gerhards,* Kraft aus der Wurzel. Zum Verhältnis christlicher Liturgie gegenüber dem Jüdischen: Fortschreibung oder struktureller Neubeginn? Kirche und Israel: Neukirchener Theologische Zeitschrift 16 (2001) 25–44.

Stichwort: Theologie der Religionen

(1) *Problemstellung*: Die Notwendigkeit einer *theologischen* Beschäftigung mit anderen Religionen ergibt sich aus der in der heutigen Gesellschaft wie in der Kirche wachsenden Bewusstwerdung eines immer größeren Einflusses anderer Religionen. In dieser theologischen Beschäftigung geht es im Wesentlichen um zweierlei: (a) um die Einschätzung anderer religiöser Botschaften, (b) um die Überprüfung der eigenen theologischen Positionen, die von fremden Botschaften berührt sind. Insofern Religionen (vgl. *Nostra aetate* Nr. 1) versuchte Antworten auf die grundlegenden Lebensfragen der Menschen sind und sich mit Herkunft und Ziel des Menschengeschlechts und der Welt, mit den Erfahrungen des Leidens, der Schuld und des Todes einerseits, mit der Sehnsucht nach Befreiung, Vergebung, Erlösung und Heil andererseits befassen, ist vom Verhältnis des Heilsangebots im Christentum wie in anderen Religionen zu handeln. Da das Heil christlicherseits an die Gestalt Jesu Christi, seines Lebens und Sterbens wie seiner Auferstehung gebunden ist, Jesu Leben aber als Menschwerdung Gottes geglaubt und bekannt wird, steht der menschgewordene Gott auch in diesem Teil theologischer Reflexion im Mittelpunkt.

(2) *Hermeneutischer Hinweis*: In einer Zeit wachsender Interkommunikation, in der kirchlicherseits der Dialog innerhalb wie außerhalb der Kirche gefordert wird, erreicht die Theologie da, wo sie sich mit heute bestehenden nichtchristlichen religiösen Gemeinschaften befasst, ein Feld, in dem es nicht mehr ausreicht, *über* andere zu sprechen; vielmehr muss, wenn eben möglich, *mit* ihnen gesprochen werden. Das hat zur Folge, dass vor aller Beurteilung von Fremden diese selbst zunächst zu hören sind und auch der Theologe bemüht sein muss, die Anderen von ihrem Standpunkt aus zu sehen.

Die Theologie der Religionen erweist sich damit als ein Wechselspiel zwischen der Kenntnisnahme fremder Standpunkte und der Reflexion auf den eigenen Standpunkt. Dabei ist zu beachten, dass es immer weniger möglich ist, die Religionen in ein allgemeines Gebilde „Religion" aufzuheben, sondern die einzelnen Religionen verdienen als solche Respekt und Beachtung. Es ist aber auch nicht möglich, sich gleichsam um einen Meta-Standpunkt, d. h. einen Standpunkt über oder außerhalb der Religionen, zu bemühen, von dem her dann der ganze Kosmos der Religionen in den Blick käme. Damit bleibt es beim Spannungsspiel zwischen dem kirchlich-christlichen Standpunkt, zu dem der Theologe sich als Orientierung und Richtweisung bekennt, und den Standpunkten, von denen aus andere bekennende Menschen ihren Weg gehen. Von diesem Grundansatz her ist dann ein wechselseitiges Verstehen zu suchen, ohne dass der eigene Standpunkt in Frage gestellt und am Ende gar aufgegeben wird. Dass wahrheitsinteressierte Dialoge der Art sind, dass es auf allen Seiten Korrekturen geben kann und somit kein Dialogteilnehmer völlig unverändert den Dialog verlässt, ist auch einsichtig.

(3) *Paradigma „Juden und Christen"*: Die entscheidende Stelle, an der europäische Christen heute den interreligiösen Dialog lernen, ist das seit etlichen Jahren verstärkte Gespräch zwischen Juden und Christen, in dem nicht zuletzt Christen nach den schrecklichen Erfahrungen der Zeit des Nationalsozialismus und der Massenmorde an Juden in den Konzentrationslagern zunächst einmal schweigen und dann den Respekt vor fremder Subjekthaftigkeit lernen mussten. Der Mord an den jüdischen Mitmenschen ist seitdem Anlass, den Umgang mit den Anhängern des Alten bzw. Ersten Testaments grundsätzlich zu überprüfen.

Verschiedene Dinge sind hier zu beachten: (a) Das Judentum ist für die Christen nicht eine Religion wie alle anderen, weil das Christentum aus dem Judentum herausgewachsen ist. Es ist die Wurzel des Christentums (vgl. Röm 11,18):

Jesus ist gebürtiger Jude. (b) Wenn Christen die jüdische Bibel als ihre Heilige Schrift annehmen, geschieht dies einmal, weil die jüdische Bibel die Heilige Schrift Jesu war, sodann aber auch, weil sich Christen nicht von der Geschichte Gottes mit den Juden lösen können, sondern an diese Geschichte gebunden bleiben. Der Bund, den Gott mit den Juden geschlossen hat, ist ungekündigt und unkündbar (vgl. Röm 9–11). Deshalb tritt die Kirche auch nicht, wie es jahrhundertelang vertreten worden ist, an die Stelle der Synagoge. Die so genannte Substitutionstheorie, in der sich die Kirche ursprünglich dem Volk Israel zugesprochene Würdenamen zu eigen macht, ist so nicht haltbar. (c) Dennoch muss über Jesus den Christus, den Gekreuzigten, mit den Juden gesprochen werden. Das Wort „Judenmission" ist allerdings zu missverständlich, als dass man es heute noch gebrauchen sollte. Wenn der missionarische Auftrag der Kirche als Bezeugung der Botschaft Christi verstanden wird, ist zu beachten, dass es heute immer deutlicher zu gegenseitiger Bezeugung kommt, dabei dann zu Anfrage und Erwiderung. (d) Eine Theologie des Judentums ist nur noch als eine dialogische Theologie, die den Anderen als Subjekt und damit als Gesprächspartner in die theologische Reflexion einbezieht, möglich. Ein Zeichen dafür, dass dies der Weg ist, ist jetzt schon die Tatsache, dass es Juden und Christen heute mehr als früher gelingt, miteinander zu dem einen Gott Abrahams, Isaaks und Jakobs, dem Gott Jesu Christi zu beten.

(4) *Die christliche Heilsbotschaft*: In 1 Tim 2,4ff. finden sich jene Sätze, die für andere Einladung, Anspruch und Provokation zugleich bedeuten:

> „(Gott) will, dass alle Menschen gerettet werden
> und zur Erkenntnis der Wahrheit gelangen:
> Denn einer ist Gott,
> einer auch Mittler zwischen Gott und den Menschen,
> der Mensch Christus Jesus,

der sich als Lösegeld hingegeben hat für alle,
ein Zeugnis zur vorherbestimmten Zeit."

Den Ausgangspunkt bildet ein Satz, der heute weithin über den Bereich der Kirche hinaus Zustimmung findet: Gott will, dass allen Menschen Heil zuteil wird und sie die Wahrheit finden. Anlass zum Widerspruch bietet der folgende Satz, in dem der Mensch Christus Jesus zum einzigen Heilsmittler zwischen Gott und den Menschen erklärt wird. Gegen ihn erhebt sich ein doppelter Einspruch: (a) Heil wird auch unabhängig von Jesus Christus in anderen Religionen den Menschen versprochen. (b) Die Begründung der Einzigkeit Jesu wird bis in kirchliche Kreise hinein in Frage gestellt, am Ende gar geleugnet. Dagegen ist zu beachten:

(1) Die Diskussion dieser Fragen sollte heute nicht mehr bei dem einsetzen, was trennt, sondern bei dem, wo es offensichtlich Übereinstimmung gibt. Religionen stimmen aber darin überein, dass der Mensch selbst nicht fähig ist, sein umfassendes Heil zu schaffen, sondern dass ihm dieses geschenkt wird, er also Empfänger des Heils ist. Hier fragt es sich dann, wer dieses Heil schenkt – damit eröffnet sich die Gottesfrage. Sodann ist auch das Verständnis von Heil zwischen den Religionen nicht so eindeutig, wie es der inflationäre Gebrauch des Begriffs suggeriert – hier eröffnet sich die Heilsfrage.

(2) Die christliche Antwort auf die beiden Fragen wirkt solange nicht arrogant und anmaßend, als sie weniger als Urteil über die anderen, dafür mehr als Einladung vorgetragen wird, die andere in Freiheit annehmen können. Nur so wird ein Weg beschritten, der es anderen ermöglicht, nicht in einer Kritik am Christentum zu enden, ohne sich selbst in Frage zu stellen und zu überprüfen. Niemand kann es aber Christen verwehren, ihre Antwort auf die Frage nach Heil bei Jesus Christus zu beginnen und in dem in der Geschichte konkurrenzlosen Gottesverhältnis Jesu jene Kostbarkeit zu sehen, die sie der Welt nicht vorenthalten wollen. Wer die

Konkurrenzlosigkeit in Frage stellen möchte, muss seinen Gegenstandpunkt argumentativ begründen.

(3) Für Christen führt der Weg zu Gott über die in Jesus offenkundige Gottesbeziehung – „Wer mich gesehen hat, hat den Vater gesehen" (Joh 14,9) –, in der sich Gott selbst dreifaltig als jenes Beziehungsgefüge offenbart, in dem Menschen über Schuld und Tod hinaus neues Leben finden. Für Christen verbindet sich das neue Leben mit neuer Gemeinschaft („Tischgemeinschaft"). Heil ist somit ein interpersonales Geschehen liebenden Austausches, in dem sich die Menschen miteinander wiederfinden, weil sie sich im dreipersonalen Gott wiederfinden.

(4) Diese Sicht der Dinge schließt heute ausdrücklich niemanden von der Erlangung des Heils aus. Umgekehrt ist allerdings nicht zu leugnen, dass die Geschichte der Welt derartig ist, dass Menschen bestimmte Ereignisse der Geschichte ungeschehen machen möchten oder sie als solche nicht anerkennen und schon gar nicht für sich und ihr Leben als bedeutsam ansehen. Solche Einstellungen machen aber das Leben und Sterben Jesu nicht ungeschehen, wie sie auch den in diesem Leben liegenden Anspruch an die Menschheitsgeschichte nicht einfach tilgen können. Dass auch die Erleuchtung des historischen Buddha und das Wort des Propheten Muhammad zwei die Weltgeschichte objektiv prägende und in dieser Prägung nicht zu tilgende Ereignisse darstellen, ist zu bejahen; Ereignisse dieser Art relativieren sich aber in ihrer Einzigkeit nicht gegenseitig. Deshalb besagt es wenig, wenn die Anhänger des einen oder anderen Weges sogar für sich die Gültigkeit und Inspiration ihrer Gründergestalt zurücknehmen. Was ist wirklich gewonnen, wenn Christen in Jesus von Nazaret nicht mehr den Erlöser der Welt, das „Brot für das Leben der Welt" (Joh 6,51), erblicken und die Heilsansage an die Welt in seinem Wort nicht mehr vernehmen (vgl. Joh 6,68)?

(5) *Die Rolle der Religionen*: Wo das Neue Testament die Umwelt personalisiert, spricht es von Juden und Heiden,

Juden und Griechen; eine andere Zuordnung religiöser Art findet nicht statt. Das ändert sich nur bedingt, wo der Islam in Erscheinung tritt. Religionen als Instanzen, die in Völkern und Kulturen eine analoge Stellung einnehmen wie das Christentum im Abendland und im Morgenland, werden erst in der Zeit nach den Entdeckungen und vor allem in der Neuzeit wahrgenommen. Als konkurrierende Partner treten sie erst in der 2. Hälfte des letzten Jahrhunderts auf, in der die bis dahin kolonialisierten Völker ihre Eigenständigkeit einklagen. In dieser Zeit fordert nicht nur die Pluralität gesellschaftlicher Phänomene im Allgemeinen, sondern die religiöse Pluralität im Besonderen eine Begründung.

Theologisch steht am Anfang eine Beschäftigung mit der alttestamentlichen Einschätzung fremder Götter und ihrer Verehrung. In ihrer Vielseitigkeit ist sie bislang nicht abgeschlossen. Unbestritten stand lange die negative Einschätzung der Götter als von Menschen geschaffene Götzen, die es zu vernichten galt, im Vordergrund. Inzwischen findet der universale Anspruch des Gottes Israels einmal in der Einfügung der Patriarchengeschichte in das Buch Genesis, aber dann auch in vielen prophetischen Worten über die „Völker“ (vgl. die Völkerwallfahrt; Jes 2,1–3), schließlich in der Weisheitsliteratur deutlichere Beachtung. Dass Gott allen Menschen seit Erschaffung der Welt an seiner Schöpfung erkennbar ist, sagt ausdrücklich Röm 1,18–25; kein Mensch ist daher vor Gott entschuldbar.

Was im Anschluss an die biblischen Aussagen die Kirchenväter positiv über die Auswirkungen des Heils durch Jesus Christus kraft des Wortes und des Geistes zu allen Zeiten und in allen Räumen gesagt haben, ist in den letzten Jahren von Theologen wie J. Daniélou, H. de Lubac, J. Dupuis u. a. erarbeitet worden, wobei freilich zu beachten ist, dass der Begriff „Religion“ noch nicht im heutigen Sinn vorkommt. Theologisch findet der System- und Organisationsbegriff Religion erst in der neuzeitlichen Theologie, vor allem in fundamentaltheologischen Kompendien im

Zusammenhang mit der Frage nach der wahren Religion, Verwendung.

Erst in unseren Tagen, in denen die Begegnung mit Angehörigen anderer Religionen zunimmt und Menschen sowohl im eigenen Land als auch auf Reisen den Formen lebendiger Fremdreligiosität begegnen, kommt es einmal zu Korrekturen festgefahrener Vorurteile, aber dann auch zur Frage nach der existentiellen Bedeutung der anderen Religionen. Unbestritten sind Religionen versuchte Antworten auf die grundlegenden Menschheitsfragen. Das können sie – im Sinne von Röm 1 – durchaus im Blick auf den Schöpfergott sein. Ob und wieweit die einzelne Religion Resonanz auf Gottes Wort (im Sinne von Hebr 1) oder sein Geisteswirken ist, ist eine eigene Frage, die sich in unseren Tagen schon deshalb stellt, weil sowohl Gottes Wort wie Gottes Geisteswirken den Menschen insofern berühren, als sie auf sein Heil und seine Vollendung hin vernommen werden. Hier ist es als ein weiterer Schritt anzusehen, wenn es in der *Notificatio* zu P. J. Dupuis Nr. 8 heißt, es sei legitim zu behaupten, „dass der Heilige Geist Heil in den Nichtchristen auch durch die Elemente der Wahrheit und Güte bewirkt, die in den verschiedenen Religionen präsent sind". Wenn dem so ist, dann ist es nicht leicht nachzuvollziehen, warum die anderen Religionen – bei Beachtung der Punkte, die die christliche Theologie an dieser Stelle zu bedenken gibt – nicht doch auch als „Heilswege" angesprochen werden können. Das gilt umso mehr, als die Mehrzahl der Menschen ihr Heil existentiell nicht im ausdrücklichen Bekenntnis zu Jesus Christus verwirklichen kann. Im Übrigen bleibt bestehen, dass die Menschheitsgeschichte objektiv nicht allein von der Annahme oder Ablehnung durch den einzelnen Menschen bestimmt ist, sondern unabhängig davon verläuft. Das Kreuz Christi bleibt der Welt außerhalb des Tores von Jerusalem eingepflanzt – gleichgültig, ob Menschen achtlos vorübergehen oder Menschen bekennen: „Wahrhaftig, das war Gottes Sohn" (Mt 27,54).

Kleines Wörterbuch

Ātman

Wörtlich: Sankrit Atem, atmen, vielfach übersetzt mit Seele, Leben(sprinzip), Geist, zunächst Lebensprinzip des Individuums, später auch die Weltseele. In den Spekulationen der Upanishaden (→ Veda) wird Ātman weithin mit *Brahman* = Prinzip der Einheit in bzw. hinter aller Vielheit identifiziert, so dass *ātman* und *brahman*, die absolute Wirklichkeit eins oder im Sinne der Advaita- = Nicht-Zweiheit-Lehre „nicht-zwei" sind. Was in hinduistischen Kreisen bis heute fortlebt, wird im Buddhismus in der *anātman- = Nicht-Ātman-*Lehre zurückgewiesen.

Avatāra

Wörtlich: Sanskrit Überquerung, Hinübergang, im Hinduismus eine „Herabkunftsgestalt" vor allem des Gottes Vishnu, der sich den Menschen dann heilbringend zuwendet, wenn ein Weltzeitalter nach einem neuen und gerechten Zeitalter ruft. Zunächst ist weithin von zehn Avatāras gesprochen worden, in neueren Zeiten ist der Begriff auch auf geschichtliche Gestalten wie den Buddha, auch Christus u. a. übertragen worden. In der indischen Theologie wird der Begriff auch als Übersetzung für die Inkarnation verwendet.

Bodhisattva

Wörtlich: Sanskrit der zur Erleuchtung Erwachte. Im Mahāyāna-Buddhismus jemand, der die Stufe der vollen Erleuchtung erreicht hat, aber aus Mitleid mit denen, die noch auf dem Wege sind, auf den letzten Einstieg verzichtet und sich den Nicht-Erleuchteten helfend zuwendet, bis sie alle ihr letztes Ziel erreicht haben. Bodhisattvas wie → Kuan-yin werden für viele gläubig-vertrauende Menschen zur Anrufungsgestalt.

Buddha

Wie *Christus* ist auch *Buddha* kein Name, sondern ein Titel: der *Erwachte, Erleuchtete*. Das Erwachtsein wird zunächst von dem Stifter des Buddha-Weges, Siddharta Gotama Shākyamuni (560–480) ausgesagt. Da es aber Ziel jedes Buddhisten ist, die befreiende Erleuchtung zu erreichen, haben vom historischen Buddha her unzählige Menschen vor und nach ihm die Buddhaschaft erreicht und werden als Buddhas angesprochen.

Discretio spirituum

Lehre von der Unterscheidung der Geister, vor allem bekannt durch die zwei Regelgruppen, die sich im Buch der *Geistlichen Übungen* des hl. Ignatius von Loyola finden. Sie gehen im Ursprung auf die Kunst der Wüstenväter zurück, Klarheit über die Geistantriebe bzw. die Wegweisung des Heiligen Geistes im Inneren des Menschen zu finden. Die Regeln finden aber inzwischen auch da Anwendung, wo es darum geht, das Geisteswirken in den Zeichen der Zeit und damit im kirchlichen wie im gesellschaftlichen Leben zu entdecken.

Dominus Iesus
Dominus Iesus sind die Eingangsworte einer von Kardinal Joseph Ratzinger am 6. August 2000 unterschriebenen und am 5. September 2000 veröffentlichten Erklärung der römischen Glaubenskongregation. Der Inhalt wird im Untertitel doppelt akzentuiert und betrifft „die Einzigkeit und die Heilsuniversalität Jesu Christi und der Kirche". Der Schwerpunkt der Erklärung liegt eindeutig auf dem 1. Teil. Zu beachten ist, dass die Glaubenskongregation im Zusammenhang mit der Veröffentlichung der Erklärung, wenn auch in zeitlichem Abstand, Stellung zu einem grundlegenden Werk des Jesuitentheologen Jacques Dupuis genommen hat, das auf eine christliche Theologie des religiösen Pluralismus hinarbeitet.

Doxologie
Wörtlich: griech. *doxa* = Herrlichkeit, Ruhm + *logos* = Rede, also Rede zur Verherrlichung Gottes. Mit den Lobreden sind vor allem Gebetsformeln gemeint, in denen Gott oder auch Jesus Christus genannt und mit der Ewigkeitsformel verbunden werden und dann das antwortende Amen der Gemeinde provoziert wird. Vgl. z. B. die feierlichen Schlussformeln liturgischer Gebete.

Hypostase
Der heute für viele unverständliche Ausdruck – wörtlich: das Darunterstehende – ist einer jener griechischen Begriffe, die in der Zeit der frühen Konzilien bis zu Chalkedon insofern eine Rolle spielten, als er einen Pfeiler in der Verhältnisbestimmung von göttlicher und menschlicher → Natur in Jesus von Nazaret (Stichwort: *hypostatische Union* = bleibende Einheit von Gottheit und Menschheit in der Person Jesu) sowie in der innertrinitarischen Bestimmung des Verhältnisses von Gott (Vater), Jesus (Sohn, Wort) und Heiligem Geist spielte. Einen Unsicherheitsfaktor bildete die Tatsache, dass der Begriff im Lateinischen teilweise mit *substantia*, teilweise mit *persona* übersetzt wurde. Da sich am Ende die Übersetzung *persona* durchgesetzt hat, hat der Begriff in der Folgezeit seine eigenständige Bedeutung weithin verloren, erschwert aber dem modernen Menschen das Verständnis der Konzilsaussagen von Chalkedon. → Person.

Immanenz → Transzendenz

Individualität → Person

Karunā
Sanskrit Erbarmen, tätiges Mitgefühl, Mitleiden. Der Begriff bezeichnet zusammen mit → Prajñā = Weisheit die beiden Seiten, die den erleuchteten Menschen auszeichnen.

Kenotische Christologie/Theologie

„Kenotisch" leitet sich vom griechischen Verb *kenoun* = leer machen und dem entsprechenden Substantiv *(ek-)kenōsis* = Leerung her und findet in Phil 2,9 Anwendung auf Jesus von Nazaret, in dem Gott selbst sich völlig „leer macht", Mensch wird und bis in den Tod am Kreuz hineingibt. Der hier angezeigte Ansatz hat dadurch neue Aktualität gewonnen, dass im Buddhismus des Großen Fahrzeugs → *shūnyatā* = Leerung, Leere im Gesamtverständnis von Weg und Ziel eine zentrale Rolle spielt und konsequenterweise die „Leere", deutlicher noch als die Rede vom „absoluten Nichts" für den buddhistisch-christlichen Dialog eine hohe Bedeutung erlangt hat.

Kuan-yin

Chin., Sanskrit *Avalokiteshvara*, jap. *Kannon* ist in den Ländern des Mahāyāna-Buddhismus eine der beliebtesten → Boddhisattvas. Er ist ursprünglich dem Amida-Buddha bzw. dem Buddha Amithāba (Sanskrit) zugeordnet, dem Herrn des Westens im buddhistischen Universum, wo das „Reine Land" der Erfüllung liegt. In Japan, wo Kannon oft als Frau mit einem Kind dargestellt ist, dienten Kannon-Statuen in der Zeit der Christenverfolgung als verdeckte Marienstatuen.

Mahāyāna-Buddhismus

= Buddhismus des Großen Fahrzeugs. Neben dem Hīnayāna-Buddhismus = Buddhismus des Kleinen Fahrzeugs die zweite große Ausprägung des Buddhismus mit seinen Verbreitungsgebieten in Zentral- und Ostasien. Der Tibetische Buddhismus ist Teil des Großen Fahrzeugs, wird aber nicht selten als 3. Form des Buddhismus vorgestellt. Die „Größe" des Fahrzeugs hat es einmal mit einer verstärkten Ausrichtung von Buddha-Weg und -Lehre auf alle Lebewesen zu tun und erleichtert sodann – gegenüber dem strengen Meditations-Buddhismus (jap. *Zen*) – den Zugang durch die im Volk verbreitete Anrufung des Amida-Buddha und die Verehrung der Bodhisattvas.

Mandala

Wörtlich: Sanskrit Kreis, in Asien, vor allem im Hinduismus und Buddhismus gebräuchliche bildliche viereckige und kreisförmige Darstellungen, die in Form und Farben Eingang in die innere Welt geben, meditativ in die Wohnung der Gottheit vermitteln. In der Psychologie sind in ihnen auch Wege in das eigene Innere und Selbst entdeckt worden. Auch im Christentum sind inzwischen Mandalas in der Frühzeit in Christus- und Mariendarstellungen erkannt worden. Unter ihnen kommt den visionären Bildern der Hildegard von Bingen ein besonderer Rang zu.

Monophysitismus

Frühchristliche Irrlehre, in der Jesus Christus eine der beiden → Naturen abgesprochen wurde. War dies in der Frühzeit die menschliche Natur, so tendiert die heutige Zeit dahin, ihm die göttliche Natur streitig zu machen.

Natur (theologisch)
Natur wird hier nicht verstanden als die gewachsene, zyklisch sich erneuernde Welt des Lebendigen, sondern ist ein philosophischer Begriff, der das Wesen eines Geschöpfes, am Ende auch das Wesen Gottes bezeichnet. In diesem Sinne können dann Gottsein und Menschsein als zwei Naturen, als göttliche und menschliche Natur angesprochen werden.

Narrativ
Wörtlich: in erzählender Weise. Wo heute von narrativer Theologie gesprochen wird, wird darauf aufmerksam gemacht, dass der Umgang Gottes mit seiner Schöpfung in der Glaubensgemeinschaft der Kirche grundlegend im Anschluss an die Heilige Schrift in erzählender Weise weitergegeben wird. In diesem Sinne ist – bei aller Bedeutung von Reflexion und Argumentation – die Kirche bis in die Theologie hinein eine Erinnerungs- und Erzählgemeinschaft.

Negative Theologie/Christologie
Der Begriff „negative Theologie" verbindet sich ursprünglich mit dem so genannten Pseudo-Dionysius, einem bis heute nicht identifizierten Theologen des 5./6. Jahrhunderts, der bemüht war, von Gott zu sprechen, indem er sich auf das konzentrierte, was er *nicht* ist. Diese Art des Theologietreibens wirkte fort in der hochmittelalterlichen Theologie, bei Thomas von Aquin, Bonaventura u. a., dann in der klassischen Mystik, bei den Spaniern, bei Meister Eckhart und anderen Vertretern der rheinischen und niederländischen Mystik, bei Nikolaus von Kues u. a. Sie gewinnt neue Bedeutung in der heutigen Zeit einer vorsichtigen Gottsuche. Entsprechend markiert eine negative Christologie die Grenzen im Verständnis dessen, was über Jesus Christus positiv-erklärend gesagt werden kann.

Nirvāna
Sanskrit Verwehen, Erlöschen. Der aus dem Hinduismus übernommene Begriff ist im Buddhismus die bekannteste Bezeichnung des angestrebten Ziels. Auch wenn dieses aufgrund der radikalen Loslösung von allem, Begriffe eingeschlossen, vorrangig negativ ausgedrückt wird, ist es absolut positiv zu verstehen. So finden sich zumal im → Mahāyāna-Buddhismus auch positive Ausdrücke wie Erleuchtung, Befreiung, Seligkeit u. a. S. auch → Shūnyatā. Wo Nirvāna mit Nichts übersetzt wird, darf dieses jedoch nicht als nihilistisches Nichts verstanden werden.

Person (theologisch)
Der aus dem Lateinischen stammende Begriff darf hier nicht einfach als „Mensch" verstanden werden. Der lateinische Ursprung zeigt

zudem, dass er nicht zu den klassischen Begriffen der griechischen Philosophie zählt. Fragt man nach Anknüpfungen, gibt es im Griechischen zwei Wörter: *hypostasis* (→ Hypostase) und *prosopon. Hypostasis* setzte sich bis heute fort, wo die Person – etwa mit Boethius – als die individuelle, unvertauschbare Substanz eines geistbegabten Wesens bzw. einer Geistnatur verstanden wird. Zumal in anthropologischer Sicht wurde vorrangig das Bei-sich-Sein des einzelnen Menschen bis dahin betont, wo er in seiner Unvertauschbarkeit inkommunikabel ist, d. h. sich nicht mehr mitteilen kann. Der Begriff Person ist freilich näher beim griech. *prosopon,* der Maske, durch die ein Schauspieler „hindurchtönt" (lat. *personare*), also in Beziehung zu anderen tritt. War der Substanz-Begriff für die Diskussion der innergöttlichen Dreiheit völlig ungeeignet, wollte man nicht in einem Drei-Götter-Glauben enden, so bot die Rede von der Relationalität einen guten Ansatzpunkt. Ohne hier den Verlauf der Begriffsgeschichte weiter anzudeuten, ist festzuhalten, dass für die Gegenwart gilt, dass der Person-Begriff aus zwei Komponenten besteht: der Betonung des individuellen, unvertauschbaren Selbstandes und der kommunikationschaffenden Bezogenheit auf den bzw. die Anderen hin. Die Frage bleibt, ob nicht vor allem Bei-sich-Sein das Vom-Anderen-her-Sein den Vorrang hat. Damit verbindet sich die andere Frage, ob das Personsein – wie in der Theologie zu erwarten – von Gott zum Menschen oder vom Menschen zu Gott hin zu denken ist. In seinem Facettenreichtum gehört „Person" zu den wichtigsten Begriffen des interreligiösen Dialogs.

Pluralistische Religionstheologie

Gegen ein Heilsverständnis, das exklusiv an das Christentum gebunden ist („Außerhalb der Kirche kein Heil") oder zumindest inklusiv („anonymes Christsein" = unwissentliche Rückbindung an Jesus Christus), vertreten die Autoren der Pluralistischen Religionstheologie – u. a. John Hick, Wilfred C. Smith, Paul F. Knitter, in Deutschland vor allem Perry Schmidt-Leukel – die Ansicht, dass, unabhängig vom Christentum, auch andere Religionen in gleicher Weise wie das Christentum heilvermittelnde Wege sind. Sie reagieren damit einmal auf das in der neuzeitlichen Kolonialisierung und Missionierung zu spürende christliche Selbstbewusstsein wie auch auf die in einem dialogischen Prozess geforderte Gleichberechtigung der Gesprächspartner. In letzter Konsequenz wird in dieser Konzeption der Religionsbegegnung die Wahrheitsfrage jedoch stark reduziert, wenn nicht ausgeklammert, so dass der je eigene Standpunkt nur noch in verkürzter Form eingebracht wird. Zu beachten ist, dass die genannten Vertreter zwar bemüht sind, ihre Hypothese als eine in der christlichen Theologie vertretbare Meinung vorzutragen, doch da sie in vielen Punkten den verbindlichen christlichen Standpunkt verlässt, ist die Auseinandersetzung sowohl mit philosophischen (Fragen der Erkenntnistheorie, Wahrheitsfähigkeit des Menschen u. a.) als mit theologischen Argumenten zu führen.

Pluralität/Pluralismus

Die beiden Begriffe werden vielfach unterschiedslos gebraucht. Genau genommen, stellt „Pluralität“ die Faktizität der nicht zu leugnenden Vielfalt im gesellschaftlichen Leben, aber auch in Sprachen und Denken fest, während „Pluralismus“ nach Begründungen der Pluralität fragt und u. U. ideologisch einen solchen vertritt. In diesem Buch sind die Unterscheidungslinien weniger scharf gezogen.

Prajñā

Sanskrit Weisheit, Erkenntnis. In Verbindung mit der Erleuchtung bezeichnet Weisheit – vor allem im Großen Fahrzeug des Buddhismus – die umfassende Erkenntnis und Befreiung zur Erfassung der wahren Wirklichkeit. Auch wenn der Begriff sich auf die intellektuellen Fähigkeiten des Menschen zu beziehen scheint, darf nicht übersehen werden, dass er wesentlich die spirituelle Seite des Menschen im Sinn hat. Der Weg in die volle Weisheit führt über den Vollzug von → Shūnyatā, die radikale „Leerung“. Prajñā ist aber nicht ohne → Karunā, das umfassende Mit-Leiden mit der ganzen leidenden und unerleuchteten Kreatur, zu verwirklichen.

Relationalität → Person

Rigveda → Veda

Samsāra

Sanskrit wörtlich herumgehen, kreisen. Mit diesem Begriff wird vom Hinduismus her auch im Buddhismus die zentrale Lehre vom Kreislauf aller Dinge bezeichnet. Nach der ersten Edlen Wahrheit des Buddha ist mit diesem Kreislauf alles, was ein Lebewesen erfährt, Leiden. Aus ihm heraus möchte der Mensch befreit werden. Dass es diese Befreiung gibt, ist die Grundbotschaft des historischen → Buddha. Erst in jüngerer Zeit, zumal im abendländischen Verständnis von Reinkarnation, gibt es auch Ansätze, den Kreislauf der Dinge in seinen Etappen als Aufstieg zum ersehnten Ziel zu verstehen.

Shūnyatā (śūnyatā)

Substantiv zu Sanskrit *shūnya* = leer, geht in seiner Bedeutsamkeit auf Nāgārjuna, einen indischen Denker des 2. nachchristlichen Jahrhunderts zurück. Im Gegensatz zum altindischen Denken, das – ähnlich wie das abendländische Denken – jedem Wesen eine Substanz, dem Menschen einen Personkern zuerkennt, ist im buddhistischen Verständnis alles ohne substanzhafte Beständigkeit, ohne Selbst oder Ego. Die beiden zentralen Lehren betreffen (1) – gegen die Behauptung eines Sanskrit → *ātman* = Lebensprinzip, Seele – *anātman* = Nicht-Selbst, also den Ausfall eines immateriellen Trägers und Subjekts der Handlungen und Erfahrungen, und (2) *Pratītyasamutpāda* = Gesetz der Entstehung in wechselseitiger Abhängigkeit bzw. Relation, nach dem alles ohne bestimmbaren Träger in reziproker Abhängigkeit entsteht und vergeht; das Gesetz ist eine andere Weise, den leidvollen Kreislauf der Dinge auszusagen. Im Ergebnis gibt es nur einen Weg der Befreiung: die universale Leerheit aller Dinge zu erkennen und religiös jede Form von Anhänglichkeit im Sinne einer umfassenden Leerung zu überwinden. Das Ergebnis ist, anders gesagt, → Nirvāna, positiv gesagt: die radikale, inhaltlich nicht mehr zu benennende Erleuchtung und Freiheit.

Transzendenz

Wörtlich: Überstieg. Der Begriff wird philosophisch wie theologisch gebraucht und bezeichnet sowohl den Vollzug des Überstiegs über den Erfahrungs- und Denkbereich des Menschen hinaus als auch das jenseits von Erfahrung und Denken sich Befindliche. Im normalen Verständnis wird Transzendenz zur Bezeichnung für Gott, der als Schöpfer kein Teil der Schöpfung sein kann. In diesem Sinne betont die christliche Theologie auch, dass zwar alles geschöpfliche Sein real auf Gott bezogen ist, dass aber keine entsprechende Beziehung vom Schöpfer auf seine Schöpfung ausgesagt werden kann. Zum anderen darf nicht übersehen werden, dass derselbe Gott bei aller Transzendenz zugleich die innerste Essenz allen Seins ist. In diesem Sinne wird von der Immanenz Gottes gesprochen. Diese darf freilich nicht so verstanden werden, als erschöpfe sich Gottes Existenz in seiner Gegenwärtigkeit im geschöpflichen Sein, ja als sei er letztlich mit diesem identisch (Pantheismus).

Upanishaden → Veda

Veda

Sanskrit Wissen, verwandt mit dem lat. *videre,* bezeichnet die ältesten Schriften Indiens, die teilweise auf die eingewanderten Arier zurückgehen und in ihrer Kanonisierung in das 1. vorchristliche Jahrtausend reichen. Der älteste Teil ist der *Rigveda*, das früheste dichterische Werk der indo-germanischen Sprachfamilie, zugleich die älteste Quelle der indischen Gottesvorstellungen und Mythologien. Die Sammlung der Veden sind vielfach interpretiert worden. Dabei kommt den *Upanishaden* (wörtlich: sich nahe bei jemand niedersetzen, also als Schüler einem Meister nahe sein) besondere Bedeutung zu, weil sich in ihnen die Einübung in den Weg nach innen mit philosophischer Spekulation in Richtung auf das Eine bzw. die Nicht-Zweiheit (*advaita*) verbindet und sie folglich zur Grundlage der indischen Philosophie geworden sind.

Wahrheit

Die Wahrheitsfrage ist heute weniger eindeutig zu lösen, als es im alltäglichen Gebrauch des Wortes erscheint. Wahr ist, wenn die Sache oder der Sachverhalt mit dem, was ich darüber sage, übereinstimmt. Wahrheit ist der zumeist gebrauchten Definition entsprechend die Übereinstimmung von erkennendem Denken und der Sache (lat. *adaequatio intellectus et rei*). Abgesehen von den Fragen, die heute hinsichtlich der Erkenntnisfähigkeit des Menschen, damit verbunden seiner Wahrheitsfähigkeit gestellt werden (Frage nach umfassender Wahrheitserkenntnis, sprachliche Begrenzungen in Wahrheitsaussagen u. a.), bleiben auch Fragen, wenn es bei der Wahrheit nicht um ein Sachobjekt, sondern um ein Subjekt wie den Menschen geht. Kein Mensch kann wie ein Objekt umfassend erkannt werden. Es kommt hinzu, dass sich im Hinblick auf den Wahrheitswillen des Menschen die Frage nach der Wahrheit in die nach der *Wahrhaftigkeit* wandelt. Im Christentum zeigt die unterschiedliche Terminologie (griech. *alētheia* = Unverborgenheit, hebr.*'ĕmēt* = Festigkeit, Stabilität, Zuverlässigkeit, lat. *veritas* = Vertrauenswertes), dass die Frage nach dem Wahrheitsverständnis in den einzelnen Religionen eigens zu stellen ist. Zwei Punkte sind vom Christentum her bedenkenswert: (1) Jesus von Nazaret bezeichnet sich in Joh 14,6 als die Wahrheit: „*Ich bin* der Weg, die Wahrheit und das Leben." Hier verbindet sich die Jahwe-Formel von Ex 3,14 (*Ich bin* als göttliche Selbstaussage) mit der Personalisierung der Wahrheit. (2) Wahrheit erweist sich nicht allein als eine Sache der Sprache, sondern auch des Tuns (vgl. Joh 3,21). Die angedeuteten Diskussionspunkte machen deutlich, dass die mittelalterliche Verknüpfung der Wahrheitsfrage mit der Gottesfrage heute die Klärung zahlreicher Vorfragen erfordert.

Yin und Yang

Die beiden chinesischen Grundbegriffe beherrschen als Komplementärbegriffe das ganze chinesische Denken. *Yin* und *Yang* stellen ursprünglich die beschattete (*yin*) und sonnenbeschienene (*yang*) Seite eines Berges dar. Sie beschreiben und ordnen dann die Dinge zwischen Himmel und Erde. So verbinden sich mit *Yin* der Mond, das Vollendende, Statische, Einschließende; es ist viereckig, ruhig, dunkel, kalt, weiblich, gebärend. Dagegen steht *Yang* für die Sonne, das Beginnende, Auslösende, Dynamische; es ist rund, beweglich, hell, heiß, männlich, befruchtend. Die beiden komplementären Begriffe finden Anwendung im Denken wie in der Lebenspraxis, in Philosophie, Religion und Medizin.

Weiterführende Werke

G. Gäde, Viele Religionen – ein Wort Gottes. Einspruch gegen John Hicks pluralistische Religionstheologie, Gütersloh 1998. – Diese Habilitationsschrift unterrichtet über den Stand der Diskussion um die pluralistische Religionstheologie, zumal *John Hicks,* und bietet zugleich eine gute Einführung in die heutige Christologie unter Berücksichtigung des Konzils von Chalkedon.

G. Greshake, Der dreieine Gott. Eine trinitarische Theologie, Freiburg 1997. – Das Werk führt umfassend in die christliche Trinitätslehre ein und tut dies unter Berücksichtigung der biblischen, dogmengeschichtlichen und systematisch-spekulativen Argumente. Nach G. gibt es keine gültige Trinitätslehre, die nicht biblisch verankert ist. G. fragt auch nach den Konsequenzen für das Christsein im Umgang mit modernen gesellschaftlichen Strömungen und den Religionen der Welt; für Letzteren bietet sich die Trinitätslehre als Basis an.

R. Hummel, Indische Mission und neue Frömmigkeit im Westen. Religiöse Bewegungen Indiens in westlichen Kulturen. Stuttgart 1980. – H.s Werk ist ein Klassiker, wenn nach dem Einfluss hinduistischer bzw. in Indien beheimateter religiöser Strömungen in der westlichen Welt gefragt wird. Es wurde zu einer Zeit verfasst, als die asiatischen Bewegungen im Westen in der 2. Hälfte des 20. Jahrhunderts einen Höhepunkt erreichten.

K.-H. Menke, Die Einzigkeit Jesu Christi im Horizont der Sinnfrage, Freiburg 1995. – Nicht die Einzigartigkeit Jesu Christi, die durch andere Einzigartigkeiten relativiert werden kann, ist hier das Thema, sondern die Einzigkeit Jesu Christi. Diese wiederum wird nicht allein in ihrer Bedeutsamkeit für den glaubenden Christen („für mich"), sondern in ihrer umfassenden Bedeutung („in sich") herausgearbeitet.

R. Schwager (Hg.), Christus allein? Der Streit um die pluralistische Religionstheologie (= QD 160), Freiburg 1996. **Ders. (Hg.), Relativierung der Wahrheit?** Kontextuelle Christologie auf dem Prüfstand (= QD 170), Freiburg 1998. – Die beiden Bände dokumentieren zwei Tagungen der deutschsprachigen Arbeitsgemeinschaft der Dogmatiker und Fundamentaltheologen, von denen der erste einen einführenden Beitrag von P. Schmidt-Leukel zur pluralistischen Religionstheologie enthält, zusammen mit ersten Stellungnahmen (H. Kessler, A. Kreiner, R. Schwager, H.. Verweyen u. a.), der zweite der grundsätzlichen Frage nach verbindlicher Wahrheit nachgeht (hier ist der Beitrag von H. Kessler zu beachten).

H. Waldenfels, Kontextuelle Fundamentaltheologie (= UTB für Wissenschaft 8025), Paderborn u. a. [3]2000 [= **KF**]. – Im Sinne des 2. Vatikanischen Konzils – „die Zeichen der Zeit erkennen und im Lichte des Evangeliums deuten“ (*Gaudium et spes* Nr. 4) – geht es darum, die Zeit zu kennen, in der das Evangelium verkündet wird, aber sie dann im Lichte des Evangeliums zu verstehen. Das Werk fragt nach den großen Perspektiven einer pluralistischen Zeit, zu denen notwendig der Dialog der Religionen gehört, ist aber dann bemüht, die Schwerpunkte des christlichen Grundbekenntnisses – in seiner Bindung an Gott den Vater durch Jesus Christus seinen Sohn in der Kraft des Heiligen Geistes in der Kirche wie in der Welt –, also trinitarisch in Erinnerung zu halten.

Ders., Begegnung der Religionen (= Theologische Versuche I), Bonn 1990. **Ders., Gottes Wort in der Fremde** (= Theologische Versuche II), Bonn 1997. – In den beiden Bänden finden sich Grundinformationen zu den in *Nostra aetate* angesprochenen Weltreligionen, Überlegungen zu einer Theologie der Religionen, sodann hermeneutische Reflexionen, weiterführende Hinweise zum Dialog mit dem Buddhismus, schließlich zur Provokation der chinesischen Situation.

Ders. (Hg.), Lexikon der Religionen (= Herder-TB 4090), Freiburg ^{4}1999 – Das Lexikon bietet einmal Grundinformationen zu den großen Religionen sowie zu religionswissenschaftlichen Grundbegriffen. Hilfreich sind sodann die Rahmen- und Blockartikel, in denen zu bestimmten Grundsatzfragen die Einstellungen der verschiedenen Religionen abgefragt und als Material für vergleichende Studien zusammengetragen werden. Diese Schwerpunktartikel sind eine wichtige Hilfe für die weitere Meinungsbildung im Hinblick auf den Religionenvergleich.

Register

Der Autor

Hans Waldenfels SJ, geboren 1931 in Essen, war bis zu seiner Emeritierung 1997 Professor für Fundamentaltheologie, Theologie der nichtchristlichen Religionen und Religionsphilosophie an der Katholisch-Theologischen Fakultät der Rheinischen Friedrich-Wilhelms-Universität in Bonn. Aufgrund eines langjährigen Aufenthalts in Japan gehört der Buddhismus in seinem Großen Fahrzeug bis heute zu den Feldern, denen neben den Grundfragen von Fundamentaltheologie und Religionsphilosophie seine besondere Aufmerksamkeit gilt. Neben zahlreichen Veröffentlichungen in seinem Fach und im Bereich der Theologie der Religionen ist er vor allem durch sein in zahlreiche Sprachen übersetztes und inzwischen neu bearbeitetes Fach- und Arbeitsbuch *Kontextuelle Fundamentaltheologie* sowie das von ihm herausgegebene *Lexikon der Religionen (Herder-TB 4090)* bekannt geworden. Seine Bibliographie ist im Internet abzurufen unter: www.jesuiten.org/hans.waldenfels/